超高效考試達人「讀書計畫表」

超高效K書教練團爲了幫助你完成心願，順利金榜題名，特別設計了超高效考試達人專用的「讀書計畫表」，使你K書功力加倍，考試衝高分！

本讀書計畫表使用方法如下：

1. 後面所附的讀書計畫表爲兩天份表格，請自行影印所需天數的表格。你可以將一週份的表格貼在牆上，或是放入講義夾中。
2. 請在每週一填入本週預定各天的上課狀況及讀書計畫，並且在該事項前加註學習貢獻度。最高貢獻度者是1，最低貢獻度者是4，其他依此類推。
3. 表格裡每一小時的格子中，又分三小格。使用者可按需求加畫細線，以自行分配時間。
4. 完成計畫後，每天睡覺前檢查自己是否達成該計畫。若達成時，請在該事項之後打「✔」。「✔」越多，越有成就感！
5. 每日上床前，請統計當天K書及運動各幾小時，及昨日睡眠幾小時。盡量每天都要K到書，睡眠及運動時間也要足夠喔！
6. 可在表格右下方，寫下自我鼓勵的話及心情筆記，自己給自打氣加油。相信自己，就可不斷進步，金榜題名！

開始做個考試達人，來填讀書計畫吧！

填入今天日期

填入離某項重要考試，還剩幾天

超高效考試達人	＿＿年 ＿＿月 星期（　） ＿＿日	重要的日子＿＿ 離＿＿考試 剩下＿＿天

時間	貢獻度	我的計畫事項	完成狀況	時間	貢獻度	我的計畫事項	完成狀況
1				13			
2				14			
3				15			
4				16			
5				17			
6				18			
7				19			
8				20			
9				21			
10				22			
11				23			
12				24			

填入自己計畫事項對整體學習的貢獻度：
1是最高
4是最低

每一個小時中又分三小格，可按需求利用規畫

填入自己預定要做的事

填入昨天睡覺時數

計畫完
請打勾

填入預
做的事

填入今
K書總

昨日睡眠　小時　｜　今日K書　小時　｜　今日運動　小時

填入今
動總時

本週預訂重要計畫

次序	學習事項	次序	學習事項	次序	生活事項

依重要程度按次序1、2、3、4填寫

每週一填入本週預定學習的重要事項

依重要程度按次序1、2、3、4填寫

每週一填入本週預定生活的重要事項

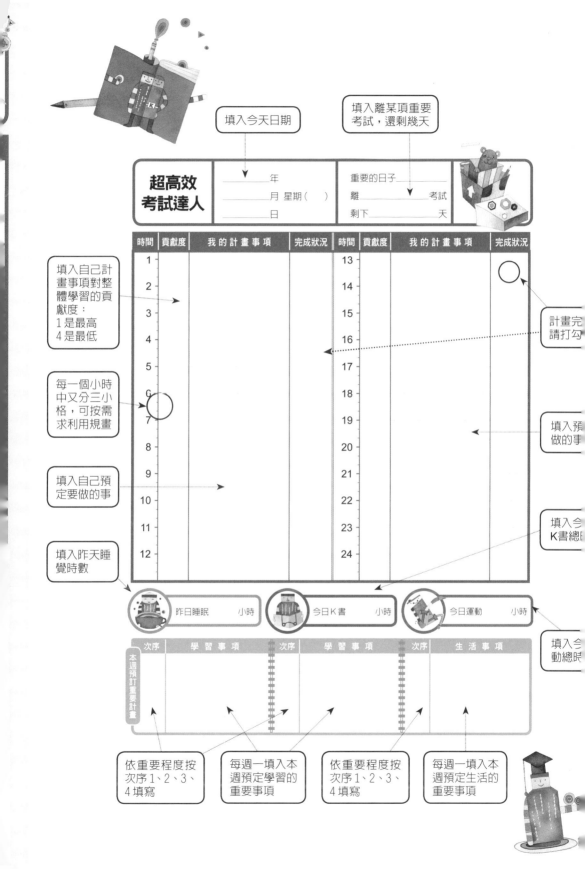

超高效考試達人

________年
________月 星期（　　）
________日

重要的日子________
離________考試
剩下________天

時間	貢獻度	我的計畫事項	完成狀況	時間	貢獻度	我的計畫事項	完成狀況
1				13			
2				14			
3				15			
4				16			
5				17			
6				18			
7				19			
8				20			
9				21			
10				22			
11				23			
12				24			

昨日睡眠　　小時

今日K書　　小時

今日運動　　小時

鼓勵自己的話

生活心情筆記

K書達人休息站

超高效考試達人

＿＿＿＿年
＿＿＿＿月　星期(　　)
＿＿＿＿日

重要的日子＿＿＿＿
離＿＿＿＿考試
剩下＿＿＿＿天

時間	貢獻度	我的計畫事項	完成狀況	時間	貢獻度	我的計畫事項	完成狀況
1				13			
2				14			
3				15			
4				16			
5				17			
6				18			
7				19			
8				20			
9				21			
10				22			
11				23			
12				24			

昨日睡眠　　小時

今日K書　　小時

今日運動　　小時

本周須訂重要計劃

次序	學習事項	次序	學習事項	次序	生活事項

超高效考試達人

《考試高手》與《解題高手》全新升級增訂版

「代入法」快速解題，**「消去法」**找出正確答案，從**「短答案」**攻破敘述型考題，
輕鬆破關國、英作文與閱讀測驗的萬用得分法……

會考、學測、指考一本搞定，全方位題型破解，
文、理科考試要訣，備審資料、面試訣竅大公開！

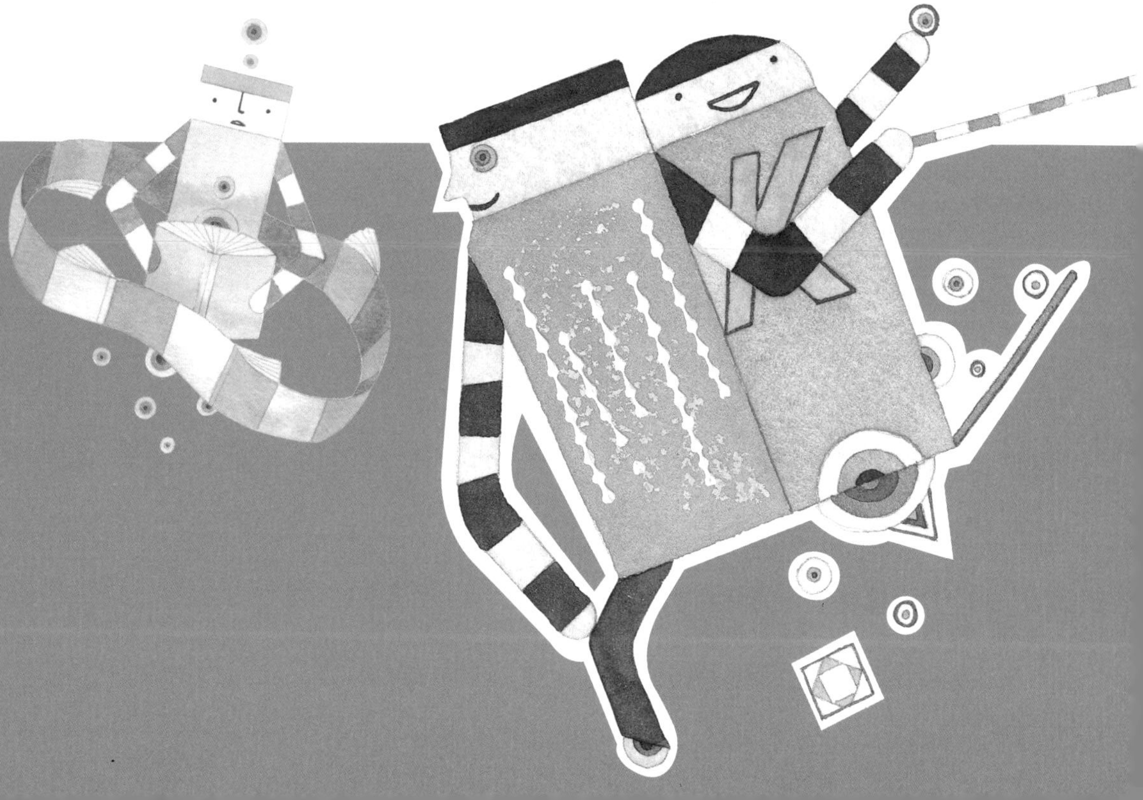

〈專文推薦〉

開啓一扇學習之窗

「十年樹木，百年樹人」。教育之基本目的在於培養年輕人擁有基礎知識及良好品格，爲國家培育未來的人才。臺大校訓爲「敦品勵學、愛國愛人」，即在勉勵青年學子積極吸收知識，砥礪個人品格，尊重他人並貢獻社會。

學習必須要有技巧，才可收事半功倍之效。「學而不思則罔，思而不學則殆」爲《論語》名訓，旨在告訴我們，學習與思考必須相輔相成、缺一不可。因此讀書須是活讀，課本知識佐以個人靈活思考，學校所教方得以活用。

本書從不同觀點提供多種讀書技巧，改變過去傳統苦讀的刻板印象，提出獨具創意、新鮮有趣的方法，爲年輕學子開啓一扇學習之窗，幫助考生跳脫硬啃課本的窘境。結合科學性思考及智慧式學習的概念，有助於突破既往的學習瓶頸，幫助他們找到正確的讀書學習方法，成功開啓未來探索知識之門。

在此推薦本書給大家參考，希望能以正向思考來引導學生，並啓發學生的學習動機，認眞上進，強化個人基礎知識。不僅是學習舊知，還要進一步創造新知，共同建立一個更美好的社會！

臺灣大學校長

楊泮池

超高效考試達人 序

「大家都要我考高分，但是誰能教我如何考試？」

「大家都要我去K書，但是爲什麼K書成效不彰？」

「大家都要我考上名校，但是誰能教我怎麼辦到？」

「大家都要我認眞讀書，但是誰能教我怎樣衝高分？」

許多考生都有上述的疑惑。事實上，許多家長也面臨同樣的問題。

考試是求學必經之路，考試的結果會大幅影響年輕學子未來的就業方向與人生發展。

爲了幫助正在與考試奮戰的考生們，協助莘莘學子順利高中金榜，「超高效K書教練團」貢獻多年的學習智慧及豐富考試經驗，匯集《考試高手》及《解題高手》之精華內容，並增添新穎破題高招及解題妙方，配合目前教學內容及命題趨勢，以活潑生動的方式指導同學們如何看題破題，針對各種不同題型（包括單選題、多選題、選填題、計算題、閱讀測驗、作文等），教導有效的答題技巧與妙招，幫助考生減輕考試負擔，如願在短時間內衝出高分，拚進理想志願！

書中各章開頭安排「考試達人加油站」單元，提供讀者自行檢核目前考試成績和學習狀況；每節最後另有「考試達人武功祕笈」，整合各節的重點與重要技巧，讓讀者們能迅速掌握內容重點，加強記憶。另外，各章結尾還設計了「考試達人挑戰擂臺」單元，方便讀者在閱讀與學習後，透過一次又一次的檢視，確認實力，達到考試達人的水準。

無論是國中生、高中生、專科生或大學生，甚至是研究生，都可自行輕鬆閱讀本書，有效提

升考試及得分技巧。全書共分爲七章，下分不同小節，各章節均可獨立閱讀。

●第一章「考試解題策略達人」中，教導讀者強化自信心的方法，激勵追求志願的勇氣，解析如何完整進行考前總複習，在考前抓住出題的重要趨勢。

●第二章「考前萬全準備達人」中，就考生需求，說明考前如何利用考古題搶分，並提醒考生事先察看考場、慎重選擇陪考者等細節，詳細規畫高中與大學入學的考試時間分配策略。

●第三章「選擇題考試達人」中，針對選擇題提出破解辦法，詳述單選題及多選題的答題技巧，示範用刪去法找出答案的祕訣，並介紹代入法及破解排列組合題的妙方。

●第四章「國文及英文作文達人」中，針對國文與英文作文題，說明取得高分的訣竅，並解析時事型作文題寫法，另解說英文作文撰寫步驟與得分方法，與看漫畫賺取作文分數的高招。

●第五章「閱讀測驗解題達人」中，針對閱讀測驗提出破解之法，並剖析解答連環套題及多選多題型的妙招，也針對英文及自然科的閱讀測驗詳述奪分訣竅。

●第六章「選填題及計算題達人」中，分析令人難以招架的選填題及計算題，教導考生如何找靈感解答題目，並介紹作答計算題與證明題的技巧。

●第七章「選擇志願金榜達人」中，對於近年來熱門的甄試和面試進行詳細解說，除介紹入學甄試與面試的訣竅技巧之外，更提醒考生們優先選校或選系的判斷方法。

祝福正與考試奮戰的學生們，順利通過考試難關，成功戰勝各類挑戰，人人晉升「考試達人」，個個皆能金榜題名！

給讀者的話

給考生們的話

- 不管你現在的成績與名次如何，只要對自己有信心，學習正確的考試方法，並掌握有效的答題技巧，成績絕對可以突飛猛進！
- 不要害怕考試，也毋須逃避考試。準備考試是有方法、有技巧、有訣竅的，絕非靠運氣或轉筆猜答案！
- K書與考試相輔相成，考試是爲了評鑑K書的成果，K書是爲了提高考試的分數。如果習得考試的獨門祕訣，就可以在考場上大顯身手！
- K書不只是講求用功讀書，更重要的是讓K過的書能順利轉化成考卷上的分數，讓K進腦袋裡的知識，不會走出考場就忘得一乾二淨。
- 別管昨日成績如何，只要今天開始努力學習，堅定信念，你一定可以成爲「考試達人」，順利高中金榜！

祝福所有要參加考試的在校學生及社會青年，在考場上叱吒風雲，順利闖過考試難關，如願成功金榜題名！

給老師們的話

●老師們在學校裡認眞教學，除了教導學生基礎知識外，爲了提升學生們的考試成績，教他們學會考試技巧也是相當重要的一件事。

●老師們都希望學生考試可以拿高分，但礙於教學時間有限，往往來不及教導學生有效的考試技巧及方法。

●爲什麼有的學生只K了一點書，就屢獲高分；有的學生窮K猛K，卻總是僅得低分？其實關鍵不在於K書時間的長短，而在於學生是否學會K書的技巧及應試的訣竅。

●考試內容及考題形式日新月異，但準備考試的要領及訣竅卻是大同小異。只要花些時間教導學生正確的考試技巧，將使他們的課業成績突飛猛進。

●如果老師們願意撥點時間指導學生如何考試，將學習「考試方法」當成準備各科考試前的先修課程，一定會看到孩子們在考試成績上的優異表現！

期望認眞負責的老師們，教導學生學會正確有效的考試技巧及方法，讓莘莘學子都能成爲「考試達人」！

給家長們的話

● 家長們無不望子成龍、望女成鳳，期望自己的子女不僅會念書，還要會考試。不過，面對課業學習，多數家長只能在一旁乾著急、猛擔心，卻不知如何提供協助！

● 家長們常常要求子女用功念書，但是翻書與看書，並不保證能考高分。孩子所讀的知識必須經過適當的程序，方能有效轉化爲考卷上的分數。

● K書與考試都需要技巧，但缺乏正確有效的考試方法，K書的成效就無法完全展現在成績分數上。學會考試技巧將終身受用無窮！

● 在華人的社會裡，考試競爭無所不在。盡早培養子女學會一套有效的「考試技巧」，將使他們在往後各類考試中輕鬆高分過關，順利升學、深造與就業。

● 請給子女多一些耐心及時間，他們已認眞準備考試！只要他們能領會考試方法與應試技巧，自然會成爲人生勝利組，步上成功康莊大道！

期盼關心子女教育的家長們與學生共同努力，讓本書讀者都能成爲「超高效考試達人」，高中理想志願學校，開創光明遠大前程！

Ch2 考前萬全準備達人

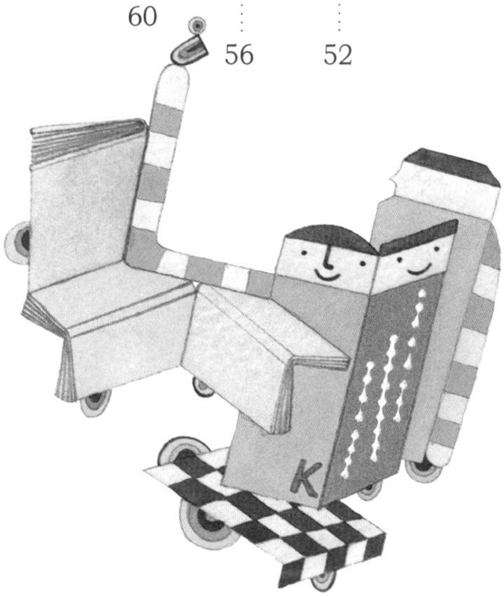

Ch3 選擇題考試達人……94

考試達人加油站——「步步高升」的魔法寶物

Ch4 國文及英文作文達人

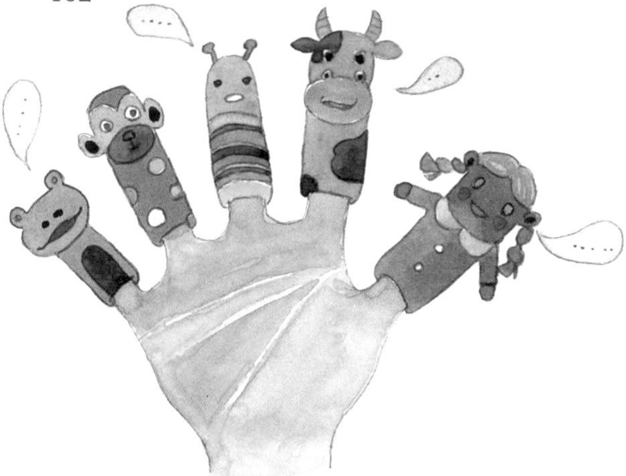

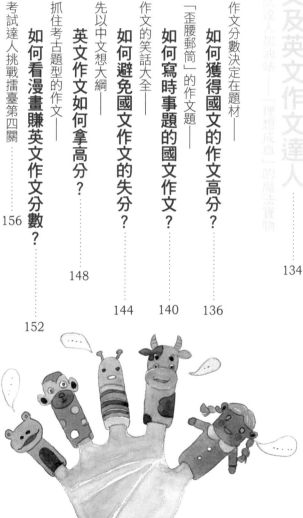

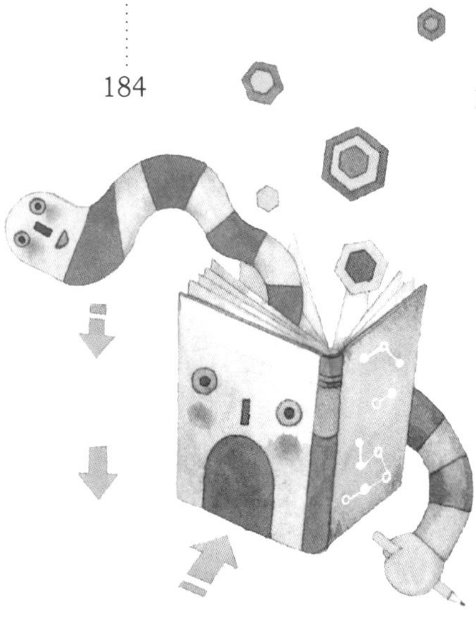

Ch 7

選擇志願金榜達人

考試達人加油站——「選擇志願」的魔法寶物

Chap

1 考試解題策略達人

考試達人加油站

「金榜題名」的魔法寶物

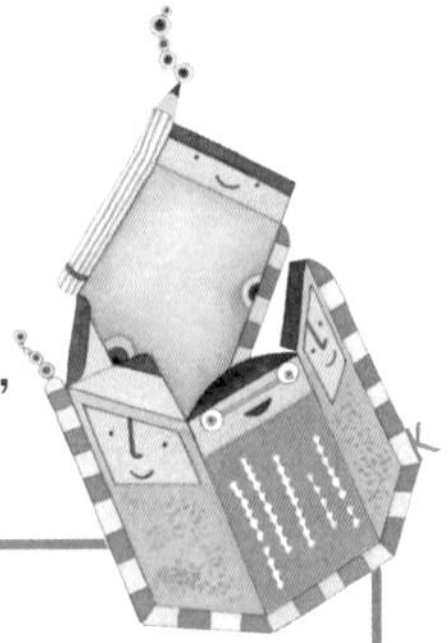

● 請你站在一面魔鏡前，問自己將來想考上什麼學校與系所，然後在下列選項中打勾。

- □ 我想考上一所可以學到有用知識的學校
- □ 我想考上一所社會大眾評價高的學校
- □ 我想考上一所人人欽羨的好學校
- □ 我想考上一個可以學以致用的系所
- □ 我想考上一個畢業後能順利找到適性工作的系所
- □ 我想考上一個畢業後能有穩定發展的系所

※ 如果上面打勾數目越多，代表你想考進理想志願學校的動機越強烈。

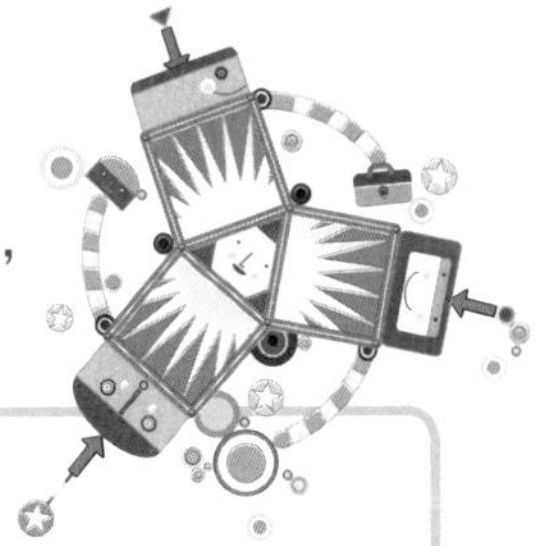

● 請你再站在魔鏡前，問自己想學到什麼考試技巧與方法，然後在下列選項中打勾。

- □ 我想學會考前快速複習的方法
- □ 我想學會可以考出高分的技巧
- □ 我想學會考試選答案的高招
- □ 我想學會寫出高分國文與英文作文的技巧
- □ 我想學會準備甄試與口試的重要技巧
- □ 我想學會如何選填理想志願的方法

※ 如果你真的想達成以上願望，請跟隨超高效 K 書教練團，學習真正的考試技巧與高招。

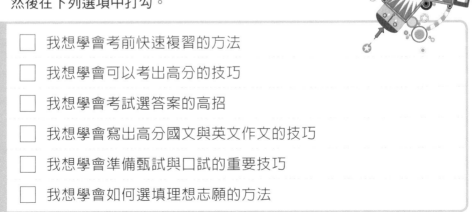

1-1 那些年，我們一起追的女孩——這些年，我們一起追的志願！

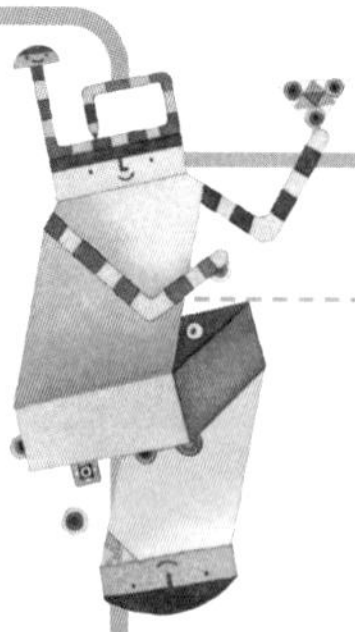

這些年，我們一起追志願，也一起被考試追。
想要追到理想志願，唯有努力付出，才會成功！

那些年，我們一起追的女孩

「青春就像是一場大雨，即使感冒也盼望回頭再淋它一次！」這是暢銷作家九把刀在小說《那些年，我們一起追的女孩》中的經典名句。

青春不要留白，是所有年輕人的願望，也是年輕人特有的權利。《那些年，我們一起追的女孩》描述少年追求少女的青澀愛情故事，打動了許多人的心，後來改編爲同名電影，創下賣座佳績，也獲得許多重要獎項的肯定。

故事敘述男主角柯景騰（綽號柯騰）是個愛調皮搗蛋的男生，因學業成績不理想，老師將他「託管」給女主角沈佳宜。在她的嚴格監督下，柯騰的成績日益進步，也逐漸對這位美麗善良的「監督者」產生好感。不過成熟的沈佳宜一心專注於學業，對戀愛之事不感興趣，也因此讓外表堅強、內心羞澀的柯騰遲遲不敢開口表白。

大學聯考後，兩人分別考上不同大學，柯騰爲了表現自己「最強的一面」，在沈佳宜面前舉辦「自由格鬥賽」。他原本希望藉此打動女主角的芳心，卻在比賽

中受傷。沈佳宜不能理解他爲何行事如此莽撞，兩人大吵一架。最後在滂沱大雨中，柯騰痛苦地放棄長達八年的暗戀與追求。

兩人分手後，各自譜出一段戀曲，沈佳宜找到了感情的歸宿，也大方邀請柯騰前來參加婚禮。在婚宴中，大家鬧著要親吻新娘，新郎爲了阻擋起鬨的親友，推說任何想吻新娘的人，都必須先跟他對親。沒想到柯騰二話不說，立刻飛撲而上，將新郎推倒在桌，抓住他一陣猛親。柯騰眞正想吻的人不是新郎，而是無緣的沈佳宜，是他過去多年的青春愛情故事……

這些年，我們一起追的志願

柯騰未能與沈佳宜結爲連理，令他懊惱抱憾多年。其實，兩人交往過程中，沈佳宜曾多次暗示柯騰，但他卻不敢開口表白。某次他試探性地問了一下，沈佳宜說：「如果你想知道答案，我現在就可以告訴你。」然而生怕遭到無情拒絕的柯騰卻選擇了逃避，以致錯失進一步交往的寶貴機會。

戀愛的事或許見仁見智，但可以確定的是考試一定是學生的必修學分。

無論是男孩或者是女孩，所有人的共通之處是——這些年，我們都得一起追逐理想志願；這些年，我們必須一起追上心目中的理想學校與科系！

談戀愛的時候，不管是男孩追女孩，或是女孩追

人們都把我的成功歸功於天才，其實我的天才只是刻苦而已。

～愛因斯坦　諾貝爾物理學獎得主

男孩，一方必須先付出眞心與熱情，才能感動另一方。同樣的，想要追求理想志願，也必須先努力付出，才會有豐碩的收穫。

追求成功的三大要素

如何追到心中的理想志願呢？我們需要做好以下三項準備：

1 有追求的信心

要深信自己追得到，才眞正可以追到。如果缺乏自信，或時常猶豫不決，你渴望的目標就會遙不可及。

或許目前實力欠佳，但千萬別妄自菲薄。請先了解自身的強項與弱項，努力發揮強項的優勢，並且讓弱勢科目急起直追。盡一己之力，去爭取可獲得的最大進步。每進步一小步，就爲你增強一些信心，最後累積成強大的自信，成爲挑戰考試難關的最大後盾。

2 有追求的動力

自問爲何要追求理想志願？爲何要擠進理想學校？這些志願或學校必須是你眞心想追求的，才會無怨無悔，才能產生強大的動力。如果你心裡覺得無所謂或不在乎，就無法督促自己前進。

你渴望實現夢想的程度越高，追求的動力也

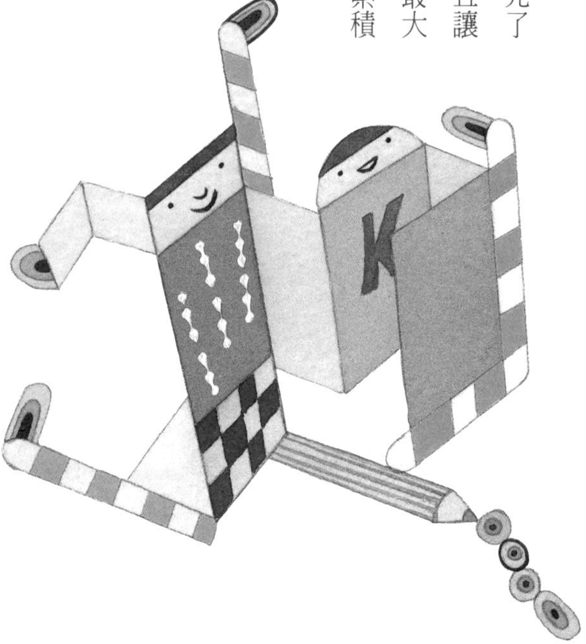

會益發強大。

3 有追求的技巧——

眞心想追求理想志願，就必須要認眞準備，並加強相關技巧的鍛鍊，包括K書技巧、考試技巧、甄試技巧等。習得這些技巧，可幫助你在有限時間內，突飛猛進、提升實力，成績顯著進步，最後順利金榜題名，實現追求志願的心願！

九把刀曾說：「夢想不是掛在嘴邊炫耀的空氣，而是要努力去實踐。」不管是追求志願或是追求異性，道理皆相同。期勉自己強化追求的信心，提升追求的動力，精進追求的技巧，努力不懈地實踐，理想學校將敞開大門迎接你！

延伸招式 《超高效K書達人》一之一節：K書達人的三大成功要素

考試達人武功祕笈

- 你越是渴望考上理想志願，所產生的追求動力就越大；你越有信心考上理想志願，就會越努力念書。只要越努力，就越接近成功！
- 想順利追到理想志願，請先強化你的追求信心，增進追求動力，精進追求技巧！
- 不要猶豫及懷疑，只要全心全意努力，成功就是屬於你的！

創作最大的挑戰正是找出限制，然後專心在限制裡做到圓滿。
～林懷民 雲門舞集創辦人

1-2 少年Pi的奇幻漂流

——如何讓自己擁有強烈的自信心？

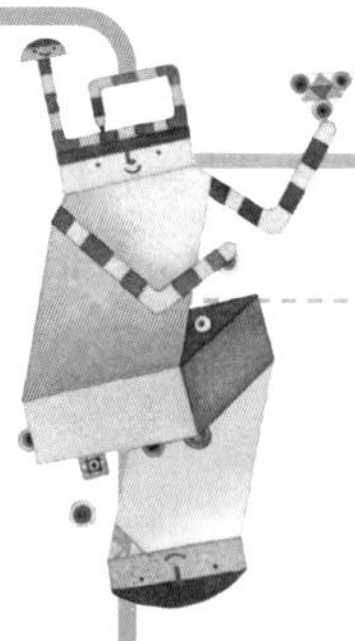

考試猶如猛獸，一旦心生畏懼，就無法克敵致勝。
打敗猛獸的首要前提就是不要怕牠。
先不畏懼，再找機會打敗對方！

少年Pi的奇幻漂流

《少年Pi的奇幻漂流》（*Life of Pi*）是一本暢銷小說，後改編爲同名電影，創下極佳電影票房紀錄，並榮獲四項奧斯卡大獎，李安導演也因本片勇奪奧斯卡最佳導演獎的寶座。

電影內容敘述一個名叫Pi的印度少年，出生於富裕家庭，他的父親原本擁有一座動物園，後來爲了躲避政治紛擾，決定賣掉動物園，帶著家人、Pi和動物園中的所有動物，共同搭上一艘貨船遠赴加拿大。

沒想到途中遇到暴風雨，船上人員及Pi的家人全數罹難，僅留Pi一人獨活。風雨過後，他發現自己跟一隻斑點鬣狗、一頭受傷的斑馬、一隻猩猩和一頭名叫理察・帕克的孟加拉虎，共處於一艘救生橡皮艇裡。

一路上這些野生動物相互攻擊，最後僅存孟加拉虎與少年Pi。Pi不敢距離老虎太近，利用可漂浮的器具製成一艘漂浮筏，以纜繩將漂浮筏與救生艇綁在一起，一個人躲在漂浮筏上。

除了要面對茫茫大海與不可預測的驚濤駭浪外，還要提防老虎隨時可能猛撲過來將他撕裂吞噬，Pi的內

心極度恐懼。他沒有食物、手無寸鐵，又無法對外求救，結局如果不是葬身大海，很有可能也會被老虎生吞活剝。

但倘若Pi放棄了，他只能坐以待斃。於是他告訴自己：「千萬不要絕望。」不斷為自己打氣，強化自信心。他原本不敢與老虎正眼對看，但為了求生存，他逼迫自己直視老虎，以克服內心的恐懼。同時努力在漂浮筏上捕魚、收集淡水，並藉由吹哨及搖晃橡皮艇的方式讓老虎暈船，以限制老虎的行動。

在Pi的努力下，他成功戰勝了內心的恐懼，不僅控制老虎的行動，也逐漸與牠和平共處。因為Pi堅持到底，絕不放棄，終於熬過最困難、最恐懼的時光，最後得到救援，平安抵達陸地，飽嚐劫後重生的喜悅。

如何強化自信心？

在考前，許多同學總是心情忐忑不安。未進考場之前，難免因為自信心不足而感到怯場，甚至對大考懷有恐懼感。

如果把考試比喻成孟加拉虎帕克，我們就如同少年Pi一般，與「考試的老虎」共處於一艘橡皮艇上。

倘若我們畏懼老虎，牠反而會獸性大發，將我們撕裂活吞；但如果我們能戰勝內心的恐懼，就有機會制服老虎，獲得重生！電影裡，Pi告訴自己，絕對不能絕望、不能放棄，才可戰勝老虎；同樣的，我們也不能未戰先降，不可以過早放棄，方可戰勝考試。

爲了強化自信、摒除恐懼，必須拋棄既有的負面因子，給予自己積極的心理建設。超高效K書教練團建議你可以這樣做：

● **自己鼓勵自己**——每天起床後，看著鏡子裡的自己，像是與好友對話一般，一方面安撫情緒，一方面激發鬥志。不斷告訴鏡中人，「不要害怕！你一定能考好，一定會考上！」反覆這樣做，鏡子外的自己也會眞的信心倍增。

● **肯定自身優點**——每天努力發掘自己的優點，記錄本身的進步。就算只是多學會解開一道數學題，或是考試成績多進步了一分，都請寫在筆記本或日記裡。持續記錄正面的事情，會產生自我激勵的效果。

● **整理自身儀容**——盡量讓自己儀容清爽、服裝整潔。邋裡邋遢、蓬頭垢面的外表，會給人頹廢不振的印象，而神清氣爽的外表則讓人耳目一新，自己也會感到舒適有自信。

● **不在意他人言語**——別太在乎旁人的冷言冷語，或是非善意批評。成績表現如何，要在大考後才會

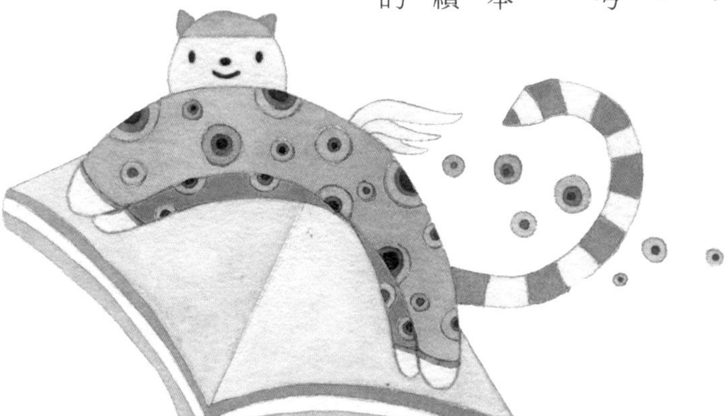

見眞章。只要相信自己會考好即可！

●**堅信心想事成**——到目標志願的學校門口照一張像，或是從網路列印出該校照片，將之放大後，貼在自己的書桌前，時常想像自己即將成爲該校學生，彷彿在那個校園裡念書、活動一般。信念夠堅定，就容易「心想事成」！

要在考場上發揮一己之最大戰力，自信心是關鍵的決定因素。即使不一定能成爲考場上的第一名，但應與過去的自己相比較，盡力考出最佳成績。

少年Pi秉持著強大的信心，終於戰勝老虎；同樣的，你也要培養堅定的自信，付出個人最大的努力，相信終會戰勝考試這隻大老虎，讓牠乖乖臣服！

延伸招式 《超高效K書達人》一之二節：讓自己擁有正向的能量！

考試達人武功祕笈

- 正向看待考試，消除負面情緒，不要心存恐懼，不可自我放棄。
- 要求自己對過去釋懷寬容，對未來熱切追求。
- 每天在鏡前自我激勵，記錄自己的優點，保持整潔儀容，必會心想事成！

十分鐘可做很多事，把人生分成很多個十分鐘，盡量不要做無意義的事。
～坎普拉 宜家家居（IKEA）創辦人

1-3 「歪腰郵筒」與時事題——如何抓住考題的新趨勢？

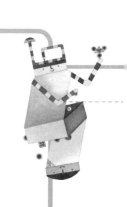

參加遊戲或比賽，必須先了解遊戲或比賽規則；
參加考試，也必須先洞悉闈場老師可能的命題方向及題型。

考題為何不斷變化？

考試題目千變萬化，讓人很難在考前猜中考題。雖然我們不容易猜中正式考題，但是在考試前，預先猜測考題題型及命題趨勢卻是可行的。多一分準備，即可多一分把握，能幫助自己在考場上多爭取到寶貴的分數。

考題題型及命題方向爲什麼會不斷變化呢？這是因爲：

- 爲有效鑑別考生的程度，不宜出現重複性考題。
- 爲刺激學生的學習動力，考題必須出奇制勝。
- 爲配合環境變遷，考題需與社會趨勢配合。
- 爲培養國家未來英才，考題需符合社會需要。

在了解考題變化的原因後，即應設法掌握近來命題方向的變革趨勢。

抓住考題變化的趨勢

服裝有流行趨勢，考題也有變化趨勢。雖然歷年的各科教科書及考試涵蓋範圍變動幅度不大，但仔細分析，即可發現考題題型及命題趨勢不斷改變。

該如何抓住考題的變化趨勢呢？最好的方法是參考近幾年的考古題。每屆會考、學測或指考等考試結束後，報紙等相關媒體會立即刊載各科考題及正確解答，提供考生瀏覽。除此之外，各校或各科資深教師亦會針對考題加以評論，評估考題難易程度，仔細分析考題趨勢。報社也會訪問考生，請考生分享應考的心得。這些報導對於考題命題趨勢提供了相當重要的資訊，你可至圖書館查閱，或上網搜尋相關新聞。

而且網站、學校或是參考書等等，也會蒐集這些方面的考題做爲題庫，考生們可以透過各種管道輕鬆的蒐集到相關訊息。

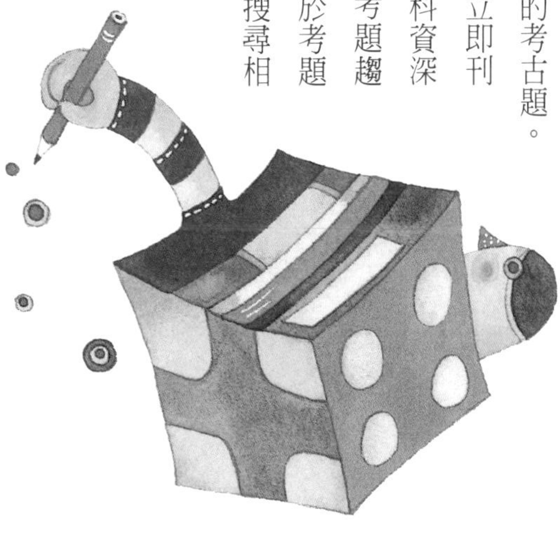

對考題趨勢的追蹤，能越早進行越好，甚至從國一或高一時就可開始準備。如果你是應屆高中畢業生，在考學測前，應參考去年學測及指考的命題趨勢；考指考前，應參考該年學測的命題方向。如果你是應屆國中畢業生，在考會考前，應參考去年會考命題方向。

我們來看一下最近的命題狀況，基本上有四大趨勢：

1 考題時事化

蘇迪勒颱風侵襲全台，在各地造成嚴重災害，甚至連郵局郵筒也耐不住強風，變成「歪腰」郵筒。這組廣爲新聞報導的「歪腰」郵筒，居然成爲當年度大學入學學測的國文作文題目。

另外，聯合國將二〇一五年訂爲「國際光之年」，而「光科技」相關題目就出現在該年的自

加倍努力學習，用心培養專長，就可以拉近現實和夢想中間的距離。
～吳若權 知名作家

然科學測考題中。

由此可知，與應考科目相關的國際大事或社會新聞，均可能會成爲該年度大考的考題。學生們平時除了K書準備考試外，仍應關心國際要聞與社會大事，避免一旦出現時事題，自己會毫無所悉而痛失分數。

2 考題跨領域化

考生在K書時，通常是針對應試科目準備，但現在的考試經常會出跨領域的題目。見到此類型的題目，總是會讓不少人覺得難以招架。例如最近學測出現了地理、歷史雙科整合的題組題，公民科也有跨冊整合的考題。

其實，人類的知識原本就是跨領域的，只是爲了方便學生學習，才會分門別類授課。平時K書時，建議可以針對各科可能被整合的相關內容，先行提前準備，自製跨領域或跨冊的整合筆記，以因應這種新的命題趨勢。

3 考題圖表化

教科書內容向來以文字爲主，圖表所佔篇幅不多，但在最近的大考中，我們發現圖表型命題有增加的趨勢。除了自然科以圖表命題，請考生判讀圖表內容外，連國文科與英文科也大量出現圖表型題目。此類題目主要是測驗學生的閱讀與分析能力，必須對該科目有相當程度的了解，才不會覺得難以作答。對於圖表型命題，建議可先練習做考古題，再佐以坊間參考書，以增加練

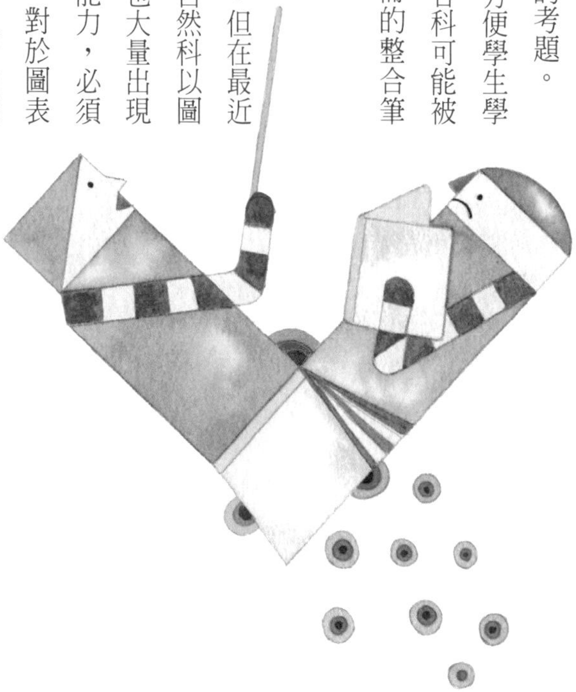

習機會。

4 題型創新化及舊題重現化——

如前面所言，命題老師為測驗學生程度，題型會有所創新。例如大學學測國文科的非選擇題，過去均是個別命題，要求考生分別作答。但最近非選擇題卻有題組化的趨勢，第一題與第二題的題幹會互相搭配，再請考生回答。針對這樣的變革，我們應預作準備。

另外英文學測中，已經連續好幾年都出現四格漫畫的作文題。且過去先給一段中文提示的英文作文題型，近來又有「重現江湖」的傾向，所以考生有必要針對各類作文題型提前準備。

天底下絕對沒有每猜必中的猜題高手，但只要對考題趨勢多一分了解，即能多一分應戰的信心，有機會多爭取到寶貴的分數！

延伸招式 《超高效K書達人》二之二節：兩百分才是滿分！

考試達人武功祕笈

- 每次重要大考後，應快速瀏覽當屆考題，概略了解命題方向。
- 多查詢媒體相關報導，參考資深教師的考題解析，了解考試命題趨勢。
- 應屆高中畢業生在考學測前，應參考去年學測及指考的命題趨勢；應屆國中畢業生在考會考前，應參考去年會考命題方向。

逃避是最容易的選擇，卻是最不負責任又最沒效率的選擇。
～李焜耀 知名企業家

1-4 《後宮甄嬛傳》也入學測考題——如何剝開情境題的糖衣？

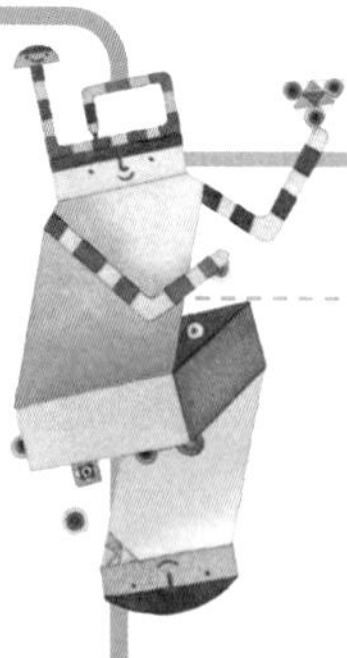

阿妹的〈聽海〉及周杰倫的〈青花瓷〉，都曾是大考出題的素材，題目輕鬆有趣。但假如你不是他們的粉絲，該如何解題得分呢？

情境式考題花樣百出

近來考試題目越來越推陳出新，也益發生活化。除了「歪腰郵筒」成了作文題目外，阿妹的〈聽海〉和周杰倫的〈青花瓷〉，甚至是電影《臥虎藏龍》中的玉嬌龍、《魔戒》、《名偵探柯南》、《鹹蛋超人》和霹靂布袋戲、新聞時事的登革熱疫情，都成了考題。

這些情境考題爲考試增添了趣味性，但其中有的考題堪稱「美味爽口」，有的卻可能讓人「難以下嚥」。

其實，應考時遇到罕見的題型或題目是可以預期的。你不必因爲沒看過類似題目而感到慌亂，也毋須因爲一時抓不到解題頭緒而緊張。

《後宮甄嬛傳》成為學測考題

很多人喜歡看連續劇，以緩解緊張壓力。沒想到超高人氣的《後宮甄嬛傳》也被老師拿來做爲國文科學測的命題內容。

《後宮甄嬛傳》敘述一位集美麗與智慧於一身的年輕女子甄嬛，原本無意入宮，但陰錯陽差深得皇帝寵

愛，也飽受後宮女子的百般排擠與陷害。為了在複雜又黑暗的後宮中求生存，甄嬛逐漸學會各式心機與權謀，歷經種種險惡鬥爭，從剛入宮時天真無邪的小女孩，步步高升，最後成為至高無上的皇太后。

國文學測考題的題幹是這樣的：

《後宮甄嬛傳》中，華妃陪皇后看戲時說：「到底是樊梨花有身家，出身西涼將門的嫡出女兒。若是換作庶出女兒，再沒有這移山倒海的本事，可真是死路一條了。」華妃表面上是評論戲中角色，實則藉以影射皇后是庶出女兒。下列文句畫底線處的文字，也在表面意義之外另有影射的選項是……

平時有收看該劇的同學，乍見題目內容，應該會覺得這段話非常熟悉，但是未曾看過此劇的同學因為對劇情毫無所悉，可能完全不知道這些內容到底在講什麼，甚至會懼怕回答這個題目。

其實，這些讓題目看起來較具趣味性或生活化的題幹敘述，相當於是料理中的「特選食材」。無論你是否看過該劇，是不是《後宮甄嬛傳》的粉絲，都不至於影響解題。命題老師不會因你愛看連續劇而給你加分，也不會因你沒看連續劇而對你扣分。只要懂得解題的方法，就可以拿到分數。

能做第一，為什麼要做第二？
～管國霖 台灣金融企業家

破解情境題的方法

在餐桌上看到「特選食材」，往往會特別興奮，但在考場中看到「特選食材型」的題目，是該興奮，還是該緊張呢？

出現情境題時，有的同學一看到就摩拳擦掌，躍躍欲試，準備大顯身手；有的同學則是一看到就頭皮發麻，心生畏懼，怯於正面迎戰。

但是太積極挑戰的同學，可能會因不熟悉題意或解法，深陷該題而無法自拔，耽誤了解一般題目的時間；而太消極逃避此類題目的同學，也可能會錯失得分的機會，影響了成績表現。

其實，這類「特選食材」題看似令人難以舉箸、不易消化，但基本上都不至於超過考試命題的範圍，只是題目敘述上多了些變化，讓考生覺得陌生而已。所有的設計都只是增加趣味性，並不會提高題目的難度。即使考生對情境題所敘述的狀況不十分熟悉，但只要對考題真正要測驗的內容有所理解，就不會影響到答題實力。

因此，下次碰到這類情境題時，如果你沒有接觸過題目附加提到的影視節目、歌曲內容，沒有關係，建議你將其中的「障眼法」，也就是那些多餘的敘述文字刪除，只看主要題意即可。例如前面《後宮甄嬛傳》的題幹，真正重要的字句在於最後一句，要選出「表面之外另有影射的選項」。

常看《後宮甄嬛傳》，不代表你能答對這題國文題；平時不聽周杰倫或張惠妹的歌，也不意味你就選不出正確的答案。

話雖如此，但在考場上緊張應戰的考生，乍見這些花樣百出的情境題時，要抱持怎樣的心態應對呢？最好的策略是：遇到別具匠心的新型題目時，先不要傷腦筋思考，暫時跳過，等做完一般題型後，再回頭處理它。

這樣做的好處是，當你解完大部分題目，確定獲得一定分數後，緊張的心情會漸趨平靜。此外，因身處考場中已有一段時間，會感到比較適應，漸入佳境，這時再來處理「特選食材題」，更能得心應手。

情境題或「特選食材題」不會是送分題，也一定不會是零分題。只要冷靜思考、沉著應戰，剝開題目的糖衣，就會找到解題得分的關鍵。

延伸招式 《超高效書達人》二之七節：考場最後的贏家！

考試達人武功祕笈

- 考試中遇到情境題或生活題，沒必要興奮，也不用太緊張，以平常心看待即可。
- 無論「特選食材型」題目滋味如何，務必留待最後再去享用它。別太積極挑戰，或太消極逃避。千萬別為了「特選食材」，而忘了「正餐」。
- 對於情境題，只要剝開題目的糖衣，刪去與解題無關的情境敘述，就會找到答題的關鍵。

所謂的勇氣，並不是沒有恐懼，而是能夠克服它；勇者，並不是無所畏懼，而是能夠戰勝它。
～納爾遜·曼德拉 南非前總統

1-5 用哈利波特分類帽解題——什麼題目先解？什麼題目後解？

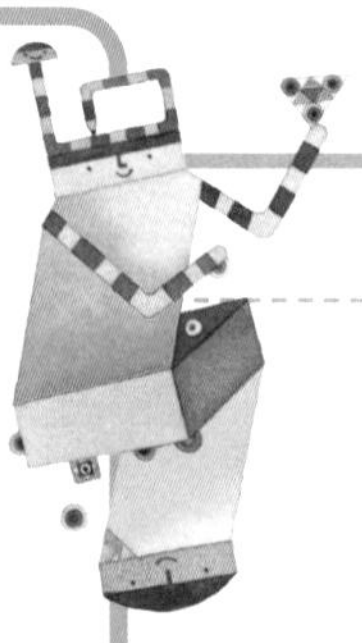

哈利波特的魔法學校有分類帽，將不同資質的學生分類；考試達人也要將考卷上的題目分類，讓自己輕鬆拿高分！

魔法學校的分類帽

一進考場，拿到厚厚一疊考卷，看得是眼花撩亂。那麼多題目，到底要先寫選擇題，還是先寫填充題呢？應該從頭開始作答，還是先選自己有把握的題目來作答呢？

還記得哈利波特在九又四分之三月台搭上了駛向霍格華茲魔法學校的火車，下火車後，剛入學的一年級新生全部集合在大廳裡，等著被分派到不同學院。

決定誰該到哪個學院就讀的不是魔法學校的老師，而是一頂其貌不揚的尖頂毛氈帽。這頂毛氈帽會講話，不同學生戴在頭上時，它能立刻鑑別出學生的個性、天資與潛力，據此將其分配到合適的學院，所以稱之爲「分類帽」。靠著分類帽的判斷，有正義感的哈利波特被分到「葛來分多」學院，他的死對頭狡猾的馬份則是進入「史萊哲林」學院。

魔法學校的分類帽可以鑑定人的個性與資質。考試時，許多考生也需要一頂分類帽，協助分析題目的難易與答題所需的時間，決定解題的優先順序。

單題配分的高低

解題的目的在於獲得分數。每一個單題的配分，會隨著題目形式及難易程度而有所不同。

一般而言，在理科的試卷中，計算題的單題配分∨填充題的單題配分∨選擇題的單題配分。而在文科的試卷中，通常是簡答題的單題配分∨填充題的單題配分∨選擇題的單題配分。

另外在國文與英文的試卷中，作文會佔相當程度的配分。

有的考生認為，單題配分高的題目最重要，因為單題配分高，應該先攻這些題目，才能拿高分，所以一拿到理科的試卷就從計算題開始解起；至於國文科及英文科，則從作文開始寫起。而有的考生則認為單題配分高的題目一定最難，所以全部留到最後再做。將考試前段的時間，拚命用來解單題配分低的題目。

這兩種類型的同學都言之成理，但可能也會出現以下的迷思：

● 先解單題配分高的同學，心想解一題計算題得十分，解一題選擇題才得兩分，所以解一題計算題可抵上五題選擇題。表面分析看似如此，但是你所解的計算題不保證一定正確得分，而在計算題上耗費的時間，可能是解一題選擇題的五倍。

● 先攻單題配分低的同學，說不定在某一個題目上被卡住，無法順利抽身，反而耽誤到後面

這世界上最幸福的事就是你還可以繼續努力，最怕就是想努力沒得努力。
～張嘉哲 臺灣奧運國手

較難題目的解題時間。另一方面，單題配分高的題目不一定每題都很難，如果剛好符合你的強項，說不定也會成為送分題。

解題的N字型理論

那麼，如果以上兩種方式都不盡理想，我們究竟該如何安排解題的順序才好呢？

假設在一個平面座標上，以X軸及Y軸區分四個象限。X軸代表題目的難易程度，Y軸代表單題配分的高低。四個不同的象限中，象限一表示題目難但單題配分少，象限二表示題目簡單且單題配分少，象限三表示題目簡單但單題配分多，象限四則表示題目難且單題配分多。

針對以上四類題目，要如何安排解題的優先順序呢？比較理想的解題優先順序是：

1. 第一步：先解簡單但單題配分多的題目（第三象限）
2. 第二步：再解簡單且單題配分少的題目（第二象限）
3. 第三步：然後解困難且單題配分多的題目（第四象限）
4. 第四步：最後解困難但單題配分少的題目（第一象限）

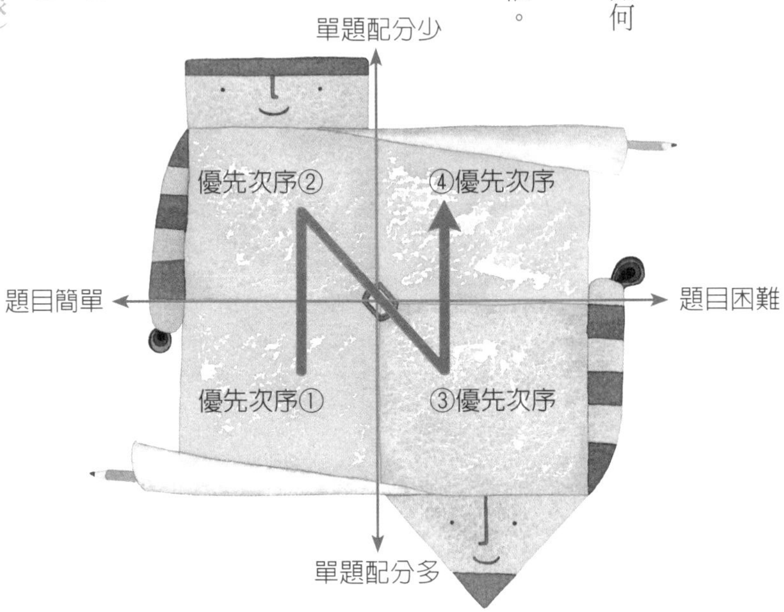

整個解題順序在平面座標圖上表現，就像是走一個N字型，故稱為「N字型理論」。

依據這個N字型理論，我們一拿到考卷，絕對不是先解題，而是要像戴上霍格華茲魔法學校的分類帽一般，先對題目進行分類，依難易程度及單題配分的多寡，來決定作答的優先順序。

在解題時，記住兩個原則：

❶ 原則一：先解容易的題目，再解困難的題目。

❷ 原則二：題目難易度相當時，先解單題配分多的，再解單題配分少的。

考試達人不要一拿到考題，就依題號順序乖乖解題，應具備「軟柿子最先吃、硬柿子最後吃」的概念。掌握解題優先順序的N字型觀念，你就能輕鬆成為得分高手！

延伸招式 《超高效K書達人》四之三節：排定優先次序的方法

考試達人武功祕笈

- 一拿到考卷，別慌慌張張，立刻埋首拚命解題。應先將考卷看過一次，對考題適當分類。
- 解題順序像在平面座標圖上走N字型路徑。解題優先順序是：先解容易但配分高的題目→再解容易且配分低的題目→接著解困難且配分高的題目→最後解困難但配分低的題目。

在改變環境之前，先要改變自己的心境。

～吳若權 知名作家

1-6 畫正字賺分數——如何避免粗心失分的錯誤？

善戰者，立於不敗之地，而不失敵之敗也。

～《孫子兵法》

大意失荊州

諸如國中會考、大學學測及指考的大型考試，都是「一分定江山」，絕對不容許因粗心而痛失分數。

先想想什麼情況下容易粗心犯錯，再來思考如何減少類似錯誤的發生。

一般容易粗心犯錯的情況如下：

● 遇到看似很簡單的題目——題目越簡單，越以爲能夠輕鬆得分，選答案時往往沒有仔細思考或計算，匆匆作答，卻疏忽算錯或選到錯誤的答案。

● 碰到考前看過或猜到的題目——遇見看過的考古題或考前猜到的題目，自然十分興奮，心想可以立即攻下此題。但是越興奮，就越容易出差錯。

● 看錯題目或會錯題意——題目只看了一半或尚未看完所有選項，就急忙作答，甚至還沒看清楚題目就開始計算，很可能會粗心答錯。

● 時間不夠或心情緊張——剛開始作答時，通常會小心翼翼。等到考試進行至下半場，時間所剩不多，就會越來越緊張。在時間急迫與緊張焦慮的雙重壓力下，容易犯下粗心的錯誤。

● 計算繁複的題目——當計算式很長或是很複雜時，在加減乘除或是計算式排列間，一不小心就算錯了答案。

避免粗心的好方法

知道哪些情況容易因粗心而犯錯後，建議你應注意下面幾件事情，避免因粗心而失分：

1 謹慎回答簡單題目——碰到看似很簡單的題目，不可掉以輕心。正因爲題目簡單，大家都有機會得分，所以假如你答錯失分，與他人的分數差距就會拉大。最好以解一般題目的速度及心態謹慎作答。

2 小心檢視內容避免誤入陷阱——見到考前看過或猜到的題目，要特別小心。題目狀似一樣，但可能內藏機關陷阱，也許在數字、符號、順序、相對關係上有所調整。如果你用「背」答案的方式解題，可能剛好掉入圈套中。

3 在題目上標示答題重點與關鍵字——無論題目是長或短，不管難易程度如何，要先看完題目的敘述與選項後，才可提筆作答。在解題時，碰到關鍵字及關鍵句，要畫線標記。對於該題要問的重點，更應以雙線標出，提醒自己多加注意。

4 謹慎規畫作答時間——考前要先規畫好作答時間，以免因分配不當，導致解題的時間不夠用，致使緊張焦慮，在匆忙慌張之下，容易因粗心而發生失誤。

5 字跡要清晰——不管是簡單或複雜的計算式，一定要羅列清楚，符號及數字也要寫得讓閱卷老師清晰可辨。

另外，要找足夠的空白處進行演算。大多數人之所以會粗心算錯，往往是因爲看錯自己寫的

其實沒有失敗這件事，只要你能在裡面學到一些事情，就是成功。
～郭泓志 知名棒球選手

數字或符號，或是由於答題空間太小，寫的字全部擠成一堆，連自己都找不到算好的答案。

字體清晰且算式整齊，是避免粗心犯錯的最好方法！

「畫正字賺分數」破解數學題

在國中會考及大學學測中，數學科佔了五分之一的成績比重，同時也是考生們非常容易因粗心而失分的科目。針對數學程度不佳的同學，建議可利用「畫正字賺分數」的撇步，避免犯粗心的錯誤，又能爭取最高可能的得分。

這個方法是這樣的：

❶在考前，告訴自己只要不是零分就好，心裡想著「寫一題就賺一題」、「得一分就賺一分」，超過零分的部分，都算額外賺到的。

❷考試時，先快速掃瞄所有試題，選出對你而言最簡單的題目，然後再小心謹慎解答這些題目。

❸寫完最簡單的題目後，再仔細檢查答案，絕對不要因粗心而失分，要確定這些題目的分數都已經裝入口袋裡。

❹將已經「賺到」的分數，用「正」字標記在考卷第一頁。每確認一題，就添上一筆「正」字的筆畫，最後統計「正」字總和，算出自己目前的得分。計算「正」字，就猶如計算自己的壓歲錢一般，越多越開心，也越有信心！

5 當解完並檢查過第一批最簡單的題目後，再回頭選擇第二批次簡單的題目，同時依照上述方法，逐漸增加自己得分的「正」字數目。答完的題目越多，「正」字就越多，心情也會隨之更穩定，面對後面的難題也不容易驚慌。

採取上述方法，可避免粗心大意的錯誤。別忘記，最後應從頭檢查一遍，搜尋解題的盲點，確保該得的分數全部進帳。

對於不拿手的科目，切勿在考試時輕言放棄，要盡最大努力追求最多的分數。這樣你一定會有超越預期的傑出表現！

延伸招式 《超高效K書達人》二之六節：專心才會有效率！

考試達人武功祕笈

- 避免粗心失分的方法：不因題目簡單而大意、看到考古題仍謹慎應對、看完題目敘述及選項後才作答、考前仔細規畫答題時間、數字及算式要寫清楚。
- 不要輕易放棄數學！一邊考試、一邊檢查，確定所有基本分數都落袋為安，避免粗心犯錯。
- 確認得到一題的分數，就畫一筆「正」字。得分越多，越有信心，表現越穩定。

每個挫折，都有其意義；每個困難，也都會有其智慧。
～戴晨志 知名作家

1-7 強弱勢分析與時間分配

——如何規畫考前總複習？

考前最後的衝刺，決定最終的勝敗！
考前絕不能鬆懈，也不能提早放棄！

考試實力的強弱勢分析

不管先前成績如何，在考前都要盡可能讓自己準備充分，以拿到最高分為目標。考前需要衝刺，也需要先行擬妥完善的總複習計畫。制訂K書計畫前，可先進行在《超高效K書達人》一書中介紹的個人強弱勢科目「SWOT分析」。所謂「SWOT分析」，是四個英文字第一個字母的結合。

S是strength（優勢），W是weakness（弱勢），O是opportunity（機會），T是threat（威脅）。優勢與弱勢相互對立，機會與威脅亦兩不相容。

請依左頁表格中的安排，將個人的優勢科目及弱勢科目填入，再把自己在考場中可能獲得高分的機會及威脅列出。每個人在考試方面的優勢、弱勢、機會、威脅皆不相同。在考前，先誠實面對自己，承認對某些領域確實較不拿手，當碰到這類題目時，應要提高警覺、嚴陣以待。

考前總複習的目標是：「維持強勢，改善弱勢，爭取機會，消弭威脅。」讓強者恆強，弱者變強，盡可能把握得分的機會，並排除失分的威脅，是征服考試的

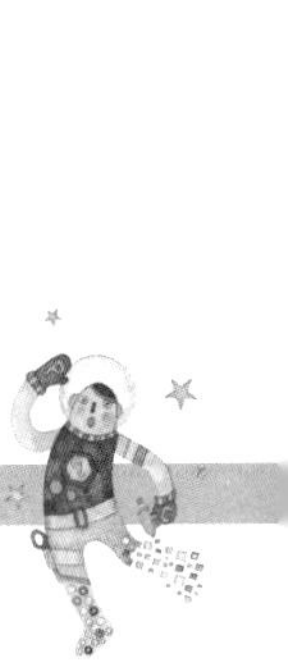

終極目的。

想在最後衝刺階段拉高自己的分數，超高效K書教練團建議你，K書順序應這樣安排：

❶先K自己不太強、也不太弱的科目——這些科目已有既存的基礎，具有極高的K書邊際效益，考前猛K一番，還有更上一層樓的機會。

❷再K自己弱勢的科目——弱勢科目絕對不能放棄！強勢科目要想多拿五分，正如百米賽跑要從十秒進步到九秒九般的困難。但是弱勢科目要多得十分，就像百米賽跑要從十五秒進步到十四秒般，仍是大有可為。

❸最後K強勢科目——強勢科目雖已頗具實力，但並不代表就是送分科目，仍然不可掉以輕心，以免大意失荊州。還是該維持一定的熟悉程度及解題速度，方能確保原有的優勢。

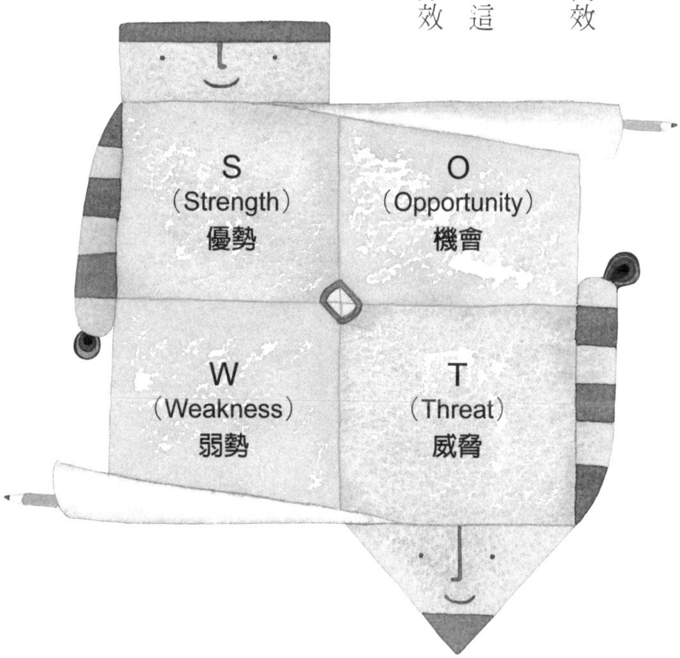

強弱勢分析與K書時間分配

經由前面的「SWOT分析」，你可以了解本身在考試上的強、弱勢所在，並依照分析結果，分配適當的K書時間。K書時間的分配原則是：

人生就該為自己挑戰和突破！
～林義傑 台灣超馬名將

- 中等程度科目及弱勢科目分配較多的時間；強勢科目分配較少的時間。
- 不熟悉項目分配較多的時間；熟悉項目分配較少的時間。
- 新教材分配較多的時間；舊教材分配較少的時間。

K書時間的分配，首要在於強化弱勢科目，次要在於維持強勢科目。各科目及各項目的K書時間不是均等分配，必須依自己的強弱勢進行差別化，才可汰弱勢、留強勢。

大小K書時間區的安排

在大考前，想提高K書的考場「經濟」效益，必須要有「大時間做大事，小時間做小事」的時間管理概念。

先將考前總複習的內容區分爲大、小、輕、重、緩、急、難、易。在讀書時間完整的「大時間區」，請只K大、重、急、難的教材；在日常生活中零碎的「小時間區」，請K小、輕、緩、易的項目。

需要較長時間思考、持續全神貫注的項目，請全部集中在大時間區做；可以短時間記憶、不需持續專注的項目，請留在小時間區做即可。大時間用來處理大問題，小時間解決小問題就好。

若是離考試日期尚久，請你依中等程度、弱勢科目、強勢科目的順序做總複習。

到考前最後兩週，建議依各科考試時段調整K書時間。例如升高中的會考，第一天上午考社會與數學，下午考國文，第二天上午考自然與英文，建議國中生們可以安排一天上午K社會，再

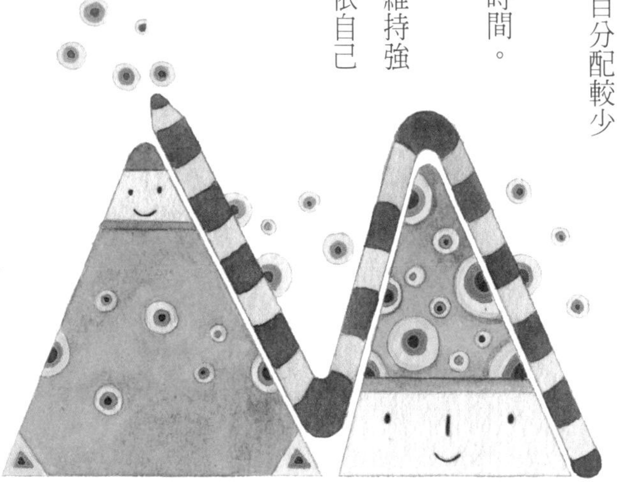

K數學；另一天上午K自然，再K英文。下午都以K國文為主。

同樣的，升大學學測第一天上午考國文，下午考數學與社會，第二天上午考英文，下午考自然。按照相同原則，建議高中生們在考前就安排一天上午K國文，下午K數學與社會；另一天上午先K英文，下午再K自然。

考生配合各科考試時段調整K書時間的同時，也是在考前調整自己的生理時鐘，讓大腦在眞正應試時，能夠展現最佳的戰力。

臨陣磨刀，不亮也光！考前總複習，不能懈怠，也絕對不能掉以輕心。有效率的考前總複習，可以讓你的實力發揮到極致，達到超水準的成績表現！

延伸招式 《超高效K書達人》三之一節：一又四分之三的K書術

考試達人武功祕笈

- 考前總複習時，中等程度與弱勢科目應分配較多的K書時間，強勢科目應分配較少的K書時間。
- 想提高K書複習效率，必須在大時間區K大、重、急、難的教材，在小時間區K小、輕、緩、易的項目。
- 在考前兩週，請依各科目考試時段調整各科目的K書時間，以調整自己的生理時鐘。

1-8 用穴位按摩幫助自己入睡——如何在考前睡個好覺？

考前的充足睡眠，不是浪費時間，而是爭取分數。
睡眠是大腦的最佳補品，也是最帶勁的動力來源。

睡個好覺去考試

考試需要體力，也需要腦力。最佳的腦力有賴於良好的睡眠，睡得飽、睡得好，才能保證自己的大腦可「強力發電」。

人一天到底要睡多久才算睡飽？答案其實因人而異，每個人睡飽所需的時間不盡相同，一般人平均每天睡六至八小時即應足夠。

要想K好書、考好試，充足飽滿的睡眠是絕對必要的。如果有睡不好的問題，首先必須找出原因。睡不好的可能原因有：

- 太晚才睡——根據統計分析，凌晨兩點以後才上床睡覺的人，最容易失眠；晚上十點到十二點就寢的人，睡得最好。長期熬夜K書不僅傷身，也影響睡眠品質。盡量準時就寢，第二天早點起床再K就好。
- 睡眠時間不規律——有時太早睡，有時太晚睡；有時睡太多，有時睡太少。這些不良習慣都容易導致失眠的問題。
- 擔心的事太多——睡前東想西想，心裡有太多掛念的事情，或是擔心自己考不好，這些都會讓自己

無法順利熟睡。

●睡前用腦過度——睡前K了太多傷腦筋的科目，或是上網當鄉民太久，腦袋負擔過於沉重，容易造成無法迅速入睡。

●喝了太多刺激性飲料——咖啡與濃茶固然可以提神，但要是喝太多，會讓大腦保持在清醒狀態，想睡也睡不了。

讓自己入睡的方法

即使你很想把自己打昏、趕快入睡，但是如果真的睡不著，該怎麼辦呢？

有的人會躺著不動，兩眼直瞪天花板，或是起床看電視、聽音樂、看書、寫東西、運動等等。上述這些方法，對於亟欲迅速入眠的人不見得有幫助。當你想睡個好覺時，可以試試以下作法：

●別太晚就寢——盡量每天在晚上十點至十二點之間上床睡覺。K不完的書，明天早點起床再念。

●睡前別長時間上網或滑手機——上網或滑手機容易讓你的大腦陷入無法立即「關機」的狀態，導致身體雖然疲憊，大腦卻毫無睡意，往往半夜又起來開電腦，眼睜睜失眠直到天亮。

●在固定時間就寢——時間到了，就去睡覺；天

把你最菁華的時間留給你覺得最重要的事情。
～郝明義 大塊文化董事長

亮了，就自然起床。一般而言，在固定時間就寢的人，大多沒有失眠的問題。

●腦子裡不要想太多——別在睡前胡思亂想，掛念太多的問題。明天的事情留待明天處理。就寢前把問題或煩惱寫在紙上，丟入抽屜，留給抽屜去保管。一切等睡飽了再說！

●睡前別K太多傷腦筋的科目——睡前盡量K些簡單、記憶型的科目，傷腦筋的理科等到精力充沛、頭腦清楚時再K。

●睡前別喝刺激性飲料——想睡個好覺，睡前應少喝茶、咖啡或提神飲品。

●白天做適當運動，晚上避免激烈運動——白天做運動，伸展筋骨，放鬆心情，有助於夜晚迅速入睡。晚上臨睡前宜避免激烈運動，免得因過度興奮反而更不易入睡。

●睡前洗澡或泡腳——洗個澡或用熱水泡腳，讓身體血液循環良好，也有助於入眠。

●睡前喝一杯熱牛奶——肚子覺得暖烘烘的時候，也比較容易睡得安穩。

用穴位按摩幫助自己入睡

中國人數千年的智慧，驗證人體穴位的存在以及特殊效用。平時在學校或是在家裡，皆可利用空檔做些簡易的穴位按摩，幫助自己容易入眠。幾個常用且有效的穴位可供大家參考：

●神門穴——位於手腕橫紋上，靠小指側，為精、氣、神匯集的重要穴道。多按摩此穴，幫助行氣活血，可寧心安神。

●內關穴——仰掌取穴，位於手腕橫紋上兩寸，兩筋之間。按摩此穴，可以理氣降逆、安定神經，有助於改善失眠的狀況。

●三陰交——位於足內腳踝上四根手指的地方。此穴爲脾經、腎經、肝經交會之處，勤按此穴有健脾益氣、調補身體的功能，也可幫助夜間入眠。

●湧泉穴——在腳底正中凹陷處。按摩湧泉穴有頤養五臟六腑的功能。若先以熱水泡腳，再做按摩，幫助入睡的效果會更好。

想在大考中拿高分，必須先成爲睡得飽又睡得好的睡覺高手。書，睡飽了再K吧！腦力充沛時，才有精神應付讀書及考試！

延伸招式 《超高效K書達人》六之五節：良好的睡眠與分段記憶

考試達人武功祕笈

- 大考前睡好覺的訣竅：避免長時間上網。
- 平時不要太晚睡，睡前不要胡思亂想，少喝咖啡或濃茶。晚上不做激烈運動，洗個熱水澡，喝杯熱牛奶，這些都能幫助入睡。
- 簡易的穴道按摩，也是有助於早些入眠的好幫手喔！

每一分鐘，都是一小時的開始。
～戴晨志 知名作家

第一次	第二次	第三次	
□	□	□	會努力消弭過去的負面因子，使自己擁有正面能量。每天都神清氣爽，並鬥志高昂！
□	□	□	考前會努力蒐集相關資料，了解最新命題趨勢。
□	□	□	考前衝刺時，仍會關心國家社會大事，為時事型考題預作準備。
□	□	□	考前會努力做考古題，以熟悉題型。
□	□	□	考前會盡量保持心情平靜，以發揮最佳實力。
□	□	□	會分析考題，決定解題順序，讓自己不會因難題而耽誤作答時間。模擬考時，會練習解題的技巧。
□	□	□	每次考完後，會分析自己失分的原因，避免重蹈覆轍。會將自己容易錯的題目，抄在筆記本裡。
□	□	□	考前會提醒自己注意，不要犯粗心失分的錯誤。
□	□	□	考前會預先安排讀書計畫，讓自己可從容複習。重要考試前，會勉勵自己要K三遍！
□	□	□	每天會讓自己睡好覺，睡飽後，再繼續努力衝刺！

考試達人

挑戰擂臺第一關

請在不同顏色框框（□）中，依自己目前狀況檢驗考試學習的成果。對於已經達成的事項，請打勾（✓）；對於偶而可以達成的事項，請打三角（△）；對於經常無法達成的事項，請打叉（×）。

◎ 第一次挑戰——
請填在第一排**藍色框框**中，並請填上今天的日期。

◎ 第二次挑戰——
請於一個月後再次檢驗，請填在第二排**黃色框框**中。

◎ 第三次挑戰——
請於三個月後再檢驗一次，請填在第三排**紅色框框**中。

當你的框框中勾勾（✓）數越多時，代表你已逐漸向考試達人邁進；當你的框框中全部填滿勾勾（✓）時，代表已經挑戰成功！

第一次挑戰日期	年	月	日	時
第二次挑戰日期	年	月	日	時
第三次挑戰日期	年	月	日	時

第一次 第二次 第三次

□□□ 會正向看待考試，努力追求心中的理想志願。

□□□ 會不斷強化自信心，讓自己不害怕考試。

Chap 2

考前萬全準備達人

考試達人加油站

「理想志願」的魔法寶物

● 阿拉丁神燈問你想考上什麼學校與系所，請你填寫心目中的五個理想志願學校與科系。

	最想考上的學校	最想考上的科系
第一志願		
第二志願		
第三志願		
第四志願		
第五志願		

● 阿拉丁神燈想幫助你達成願望，請你親自拍攝或上網查詢夢想校系的大門照片，然後將該照片貼在下面的欄框中。

※ 請將你的照片貼在理想學校照片旁。
※ 每天對著學校照片自我鼓勵三次：「我一定要考上○○學校！」
※ 然後全力以赴，盡自己最大的能力去衝刺，你會考出亮麗的成績！

2-1 考古題是得分的最大寶庫——在大考前到底該K什麼書？

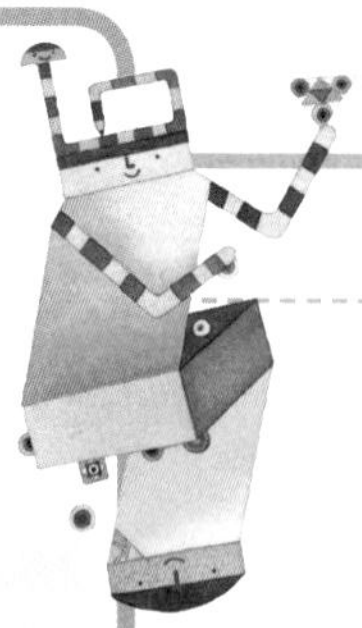

考前衝刺階段該K什麼書？這個問題很重要！
K對了，會助你衝出高分；K錯了，會讓你傷心落淚。

考前最後衝刺

許多學生面臨大型考試都會感到非常緊張，像是國中會考、大學學測、大學指考、四技二專統測、國家考試等，尤其是在最後衝刺階段。大家共同的問題是：

- 在最後衝刺階段，我該不該開夜車K書？
- 在最後衝刺階段，我該K課本或是參考書？
- 在最後衝刺階段，我該不該K考古題？
- 在最後衝刺階段，我該不該花時間做題目？

針對上述問題，超高效K書教練團逐一爲你解析。

考前衝刺的建議

首先思考第一個問題。如果離大考日期還有超過兩週以上，爲了趕上讀書進度，或是爲了加強仍不熟悉的部分，偶爾開開夜車倒是無妨。

但若是離大考日期不到兩週，建議你絕對不要熬夜讀書。因爲時間所剩不多，即使拚命開夜車，也難以大幅追上落後的進度。再者，熬夜會導致精神不濟，等到大考當天，眞正進入試場，卻因睡眠不足而昏昏沉

沉、思慮不清，不僅困難的題目解不出來，甚至連簡單的題目也因頭昏腦脹而失分，實在是得不償失。

再進一步說明其他幾個問題。在最後衝刺階段，究竟該K課本？還是該K參考書呢？最好的建議是K考古題。做考古題時，對於選擇題，你可自行填寫答案；至於非選擇題，因考前時間緊迫，看完題目後，你可以直接翻看解答並記住解法，以加強自己的解題技巧，真正上考場便能多得分。

近幾年的國中會考、大學學測、大學指考、四技二專統測的考卷，絕對是命題的大本營。這些考古題不僅可用來測驗自己的程度，亦能增進你對大考題型的熟悉度，幫助自己一見到類似題目就可迅速解題。

做考古題時，最好從網路下載整份考卷，或是找尋有完整考古題的參考書，從頭到尾練習一遍，比較容易掌握真正應試的感覺，也可以提高對解題的敏銳度。

要做幾年份的考古題？

很多考生會問：「到底我要練習做哪些年份的考古題？」

這個問題沒有標準答案。超高效K書教練團給你的建議是：

- 至少要解完各科最近三年的考古題。
- 有時間的話，最好能練習最近五年的考古題。

最了解自己手上問題的人，往往最有創意。
～卡斯帕洛夫 世界西洋棋冠軍

● 如果時間充裕，嘗試練習最近十年的考古題。

考古題做得越多，對提升解題速度及掌握題型，越能產生正向的助益。若是手邊沒有太舊的考古題，可到相關網站去找。一般管道不太容易找到的考古題，反而是命題老師的最愛。

從考古題看命題趨勢

一般而言，高中生只看學測及指考考古題，國中生只看會考考古題。雖然國中與高中教材難度不同，但是各科目的命題方式基本上差異不大。建議若有時間，高中生至少看一份國中會考考古題，而國中生至少看一份大學學測考古題。對國中生而言，學測題目可能較爲困難，遇到超出國中程度的題目時，直接跳過即可。

有時從命題素材及出題方向，可以看出某種趨勢。國中會考出現的題目，將其難度提高，也可能會出現在大學學測或指考中；大學學測及指考的題目，將其難度調降一些，也可能被用於國中會考命題。

其實高中生看國中會考題目，可趁機複習國中教材，重溫基礎知識；國中生看大學學測題目，可練習邏輯推理選答案的能力，對會考成績將有實質助益。

練習最新鮮的考古題

要猜這次考試會出什麼題目，請參考最近一次升大學或升高中最新鮮的考古題。升大學與升高中的大考時間排序如下：

一月中：大學學測

五月中：國中會考

七月初：大學指考

你會發現一件很妙的事：升大學的考試與升高中的考試剛好交錯排列。所以五月中參加國中會考的考生，應參考當年一月的大學學測題目；七月初參加大學指考的考生，應參考五月的國中會考題目。其餘依此類推。

這些試題在考後會公布於網路上，請上網下載考古題，即可了解最新的命題趨勢。要注意觀察考試的命題趨勢以及題型變化，抓住考題的走向，就可以輕鬆抓住你想要的分數。

延伸招式

《超高效K書達人》七之三節：考後一百分的訣竅

考試達人武功祕笈

- 考前衝刺不建議熬夜。睡飽覺，養精蓄銳，才能在考場中抓住分數。
- 考前最後階段，最好的學習教材是考古題。最少要做三年份的考古題，解完後，要知道正確答案，並熟記解題的方法與步驟。
- 高中生看國中會考題目，國中生看大學學測題目，有助於提高正式考試的分數。

對待失敗的態度，不是淡然處之，而是「記住」。

～林懷民 雲門舞集創辦人

2-2 提前準備考場的「武器」——如何準備考試當天的物品？

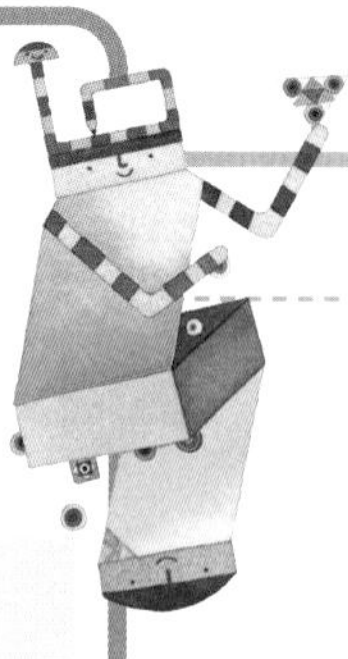

考前不要只顧著K書，忘了準備考場上的「武器」。
考場的「武器」準備齊全，正式上場才能考出亮麗成績。

考試準備物品的清單

經過長時間的準備，終於要上考場應戰了！超高效K書教練團爲考生列出一張清單，以供參考。要特別注意的是：大學學測在一月份舉行，若遇寒流來襲，務必攜帶禦寒物品，以防感冒影響考場上的表現。

● 2B鉛筆及原子筆——有些考生爲求好兆頭，會換一套全新的文具，但有時慣用的文具反而比較順手。在考前一、兩週，買一些2B鉛筆及原子筆，自己先寫寫看，寫順了再帶進考場。2B鉛筆及原子筆至少各需準備兩枝。

● 橡皮擦——買繪圖專用的橡皮擦，擦答案卡會擦得比較乾淨。不要帶一塊舊舊髒髒的橡皮擦，否則反而會越擦越髒。

● 手錶——手錶是考試必備用品之一。考前已先完成作答時間的規畫，有手錶才能確知自己的作答速度是否與計畫吻合。考試時，可脫下手錶放在桌角，讓手腕能活動自如，考完後要記得將手錶收好。

● 直尺——尺能方便作答非選擇題的題目，像是計算題及證明題，可使答案寫得賞心悅目。做選擇題時

物品	應考工具	隨身攜帶	置物區或場外	備註
准考證	●			
身分證		●		用於補辦准考證
兩吋相片		●		用於補辦准考證
2B鉛筆	●			準備兩枝以上
橡皮擦	●			
修正液或修正帶	●			答案卡上不得使用修正液或修正帶
黑色或藍色原子筆	●			原子筆兩枝以上
直尺	●			準備兩把
墊板	●			
無計算機功能的手錶		●		
眼鏡		●		多帶一副備用眼鏡
禦寒物品及暖暖包		●		用以避免感冒
手機			●	最好不要帶入考場，以免發出聲響受罰。若帶入考場，必須關機，並置於臨時置物區。
簡易藥品			●	例如：防蚊液、胃藥、綠油精
悠遊卡、IC卡	●			
錢包、零錢	●			
衛生紙、手帕	●			
毛巾			●	
飲料、食物			●	考試中不可喝水或吃口香糖
複習資料及重點筆記		●		

如果你覺得99%已經足夠，你永遠不會到達100%。
～威爾・史密斯 美國知名演員

也可以使用尺，一把用來遮答案卡，另一把用來蓋在試卷上，避免因跳題而塡錯答案卡。

●手帕及衛生紙——考場說不定會十分悶熱，緊張的心情更容易使考生滿頭大汗。有些同學容易流手汗，會弄濕考卷。可用來吸汗的手帕及衛生紙是一定要帶的。

●眼鏡——爲了以防萬一，有戴眼鏡的同學最好多帶一副眼鏡到考場。

●悠遊卡、IC卡、錢包、零錢——隨身攜帶零錢是爲了方便使用公共電話。

●准考證、身分證、兩吋照片——准考證是進入考場的憑證，趕赴考場前，務必仔細檢查，確認隨身攜帶。如果遺失准考證，趕快到各考場辦公室，憑身分證及一張兩吋相片補辦准考證。

●其他該帶出門，但須放在考場外或考場置物區的物品——手機：最好不要帶入考場，以免發出聲響受罰。若帶入考場，必須關機，並置於臨時置物區。

簡易藥品：防蚊液可塗抹在身上防蚊，綠油精等藥品可以提神。

飲料、食物：考試進行中不可喝水或吃東西，也不能嚼口香糖。

複習資料及重點筆記：臨時抱佛腳有時還是有效。抓緊空檔複習考前整理的精華筆記，像是爲考試「熱身」，考試一起跑，你就準備好衝刺百米！

●其他心愛物品——有的同學喜歡卡通造型的玩偶，例如凱蒂貓Hello Kitty、米飛兔Miffy、酷企鵝、哆啦A夢等。如果把這些玩偶視爲你的幸運物，帶著有這些玩偶圖案的文具用品參加考試也無妨。

考試當天的穿著

有些家長會特地準備一套新衣服，讓考生穿上應考，以求旗開得勝。其實參加考試，穿著平常的衣服就好。有時穿新衣服還不習慣，反而造成干擾，影響正常實力的發揮。大學學測在一月份舉行，應準備禦寒衣物，如口罩、手套、圍巾、暖暖包等，千萬不要在考場中感冒！

如果你有特殊偏好的話，考前應將自己的幸運物或護身符準備妥當。在不違反考場規定的前提下，只要能幫助消除不安和增強自信的物品，通通可以上場。

在考試前，請依照前面所列清單，逐一檢查是否已備齊所有物品。如有可能，最好多帶一套，以備不時之需。

唯有考前萬全的準備，才會有考後亮麗的成績！

考試達人武功祕笈

- 考前應提早準備考試當天所需要的物品。最好能多準備一套備用，以因應不時之需。
- 准考證是考試必備物品，出門前一定要仔細檢查，再三確認。身分證及兩吋相片也要隨身攜帶，以便遺失准考證時能立即補辦。
- 考試當天的穿著，以穿起來舒服、輕鬆、有自信為原則。服裝穿得越舒適，考出的成績也會越優異！

勇氣最大的敵人可能就是對失敗的恐懼。

～李開復 知名企業家

2-3 提前熟悉考場環境——看考場不可不知的訣竅！

「凡先處戰地而待敵者逸，後處戰地而趨戰者勞。」　～孫子兵法

考場如戰場。士兵要在戰場上獲勝，必須熟悉戰場。
考生要在考場上獲勝，同樣也必須熟悉考場。

該如何看考場？

那天在圖書館走廊遇見即將要參加學測的小芸。

「妳明天就要參加大考了！」

「對啊，終於要考了！」

「妳去看過考場了嗎？」

「還沒有。」

「爲什麼呢？」

「書都念不完了，哪有時間去看考場。」

有的同學認眞K書到最後一刻，連看考場的時間也沒有。等到考試當天一早，才發現跑錯考場，或是走錯教室，除了耽誤應考時間，還徒增焦慮與不安，大大影響到考試時的情緒。

所以不管是否K完書，事前一定要看考場，並且要仔細「勘查」。看考場究竟該注意哪些事項呢？

超高效K書教練團列出注意事項，供你做爲參考：

1 勘查並規畫到考場的交通路線——

考試當天，考生從四面八方湧入考場，交通一定非常擁擠混亂。找一條由家裡或住宿處可以順暢便捷地抵達考場的路線，避免因交通堵塞或人潮衆多而造

成延誤，影響了應試的心情。仔細計算這條路線所需的交通時間，考試當天要比平時再提早二十至三十分鐘出門。

2 查看考場位置及地理環境

考場大多設在學校裡，但很可能不是自己原本就讀的學校。到了考場，先查看考場位置及地理環境。如果有空，可在校園和走廊逛逛，認識校內景物，減少對該校的陌生感。人處在陌生環境中，容易感到焦躁。對考場越是熟悉，就越不會緊張。

3 確認應考的教室

依准考證號碼，察看分配到的教室。除了知道自己的座位位置，最好在該座位上坐兩、三分鐘，熟悉那裡的感覺。甚至可以閉起眼睛，想像明後天自己在考場中的情景。再搖晃一下桌子及椅子，看看有無任何問題。如有桌椅不穩的狀況，可請考場辦公室更換或處理。

曾有考生因為事先沒看過考場，等進入教室坐定後，才發現自己的座位空間很窄，緊靠著前面的同學。前面的人稍微動一下，他的桌子也會跟著震動，

	考場查看事項	備註
1	勘查並規畫到考場的交通路線	外縣市考生要事先查閱地圖並規畫路線
2	查看考場位置及地理環境	盡量先熟悉考場陌生的環境
3	確認應考的教室	確定座位位置，並檢查桌椅是否堪用
4	尋找察看廁所的位置	確定與自己應考教室的相對位置
5	檢視休息區的位置	避開擁擠吵雜又曬大太陽的地方
6	尋找中午用餐的地方	避免大排長龍，浪費休息時間
7	確定考場辦公室的所在	協助處理突發狀況
8	尋找醫護室的位置	協助處理醫療問題

※考前勘察試場的注意事項

嘆氣追緬過去，是對不起未來。不如往前看，不必咀嚼滄涼。
～吳淡如 知名作家

造成顯著的干擾，導致他考出來的成績不甚理想。如果狀況允許，你可以適當調整座位的間距，讓應考時能坐得舒適，但也要避免影響到他人。

4 尋找廁所的位置——

學校裡通常有好幾處公共廁所。察看距離自己應考教室最近的廁所位置，考試當天才不會花太多時間尋找廁所。

5 檢視休息區的位置——

各節考試之間及午休時間都有一段空檔，必須事先規畫何處可供休息躲太陽，並複習各科精要，以免考完一走出教室，只見到處擠滿人潮，無處落腳休息。

6 尋找中午用餐的地方——

午休時間在哪裡用餐或買便當，最好也要提前規畫，以免爲了吃頓午餐或買個便當大排長龍，耽誤到寶貴的休息時間。

7 確定考場辦公室的所在——

考場中可協助處理考生問題的就是考場辦公室。事先知道考場辦公室的所在，如遇突發狀況可前往求助。

8 尋找醫護室的位置——

如果在考場中感到身體不適，醫護室可代爲緊

急處理。事先探查醫護室的位置，可讓醫護人員迅速爲你診治。

前往考場實地勘查，雖然會佔用部分K書的時間，但想在陌生的考場發揮平日應有的實力，考前勘查確實有其必要。當你對考場越熟悉，感覺像是自己的學校時，自然不會覺得緊張，上陣應考便能盡情展現實力！

考試達人武功祕笈

- 考前絕對不能嫌麻煩或因為覺得沒時間，省略了看考場的重要步驟。你不僅要親自去看考場，並且要仔細勘查。
- 勘查考場的重點：到考場的交通路線、考場的地理環境、應試的教室方位、廁所的位置、休息區的區域、中午用餐的地方、考場辦公室的所在、醫護室的位置。
- 考前要算好交通的時間，盡量提早抵達考場。避免因塞車或其他因素，讓自己發生考試遲到的狀況。

要做自己喜歡的事情，才禁得起挫折，也才會做得好，容易做得成功。
～何大一　華裔醫學專家

2-4 場外應援團——我要請誰來陪考？

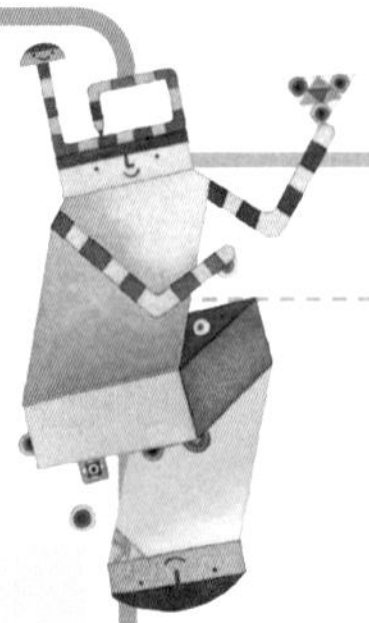

考試當天，任何事情都不能出差錯，
為了預防突發狀況，建議最好請親人陪你上「戰場」。
親友是你考場上的重要精神支柱。

考場外陪伴你的重要貴人

你是否看過電視轉播的拳擊比賽？拳擊手在場上與對手激烈搏鬥，當中場暫停時，選手會坐在圍欄一隅休息喘氣，此時外圍的助理人員立即遞上飲水或冰毛巾，讓選手稍事放鬆，待恢復氣力再上場。

陪考者就如同在場外爲拳擊選手補充元氣的助理人員。

考試當天，該一個人單槍匹馬應考？還是請家人陪考呢？其實這個問題沒有標準答案。能夠讓你考出高分的選擇，就是最恰當的選擇。

通常大型考試的考場，很可能不設在自己就讀的學校，陌生的環境容易讓人緊張不安。因此應試當天，如果能有親人陪伴你，將是安定心神的最佳力量，亦能協助處理任何突發狀況。考完一節考試，走出考場和親友說說話、聊聊天，也能有效舒緩緊張的情緒。

一位合適的陪考者，其實是你考場外的貴人，讓你發揮應有的實力，甚至超越往常模擬考的表現。

最合適的陪考者

該請誰當你的考場應援團呢？

多數人會請父母幫忙。父母關心子女的課業及前途，自然會全心全意協助你在考場上有最佳表現。他們也有豐富的考試經驗，可幫助考生平緩緊張情緒。

但有的父母因求好心切，反覆叮嚀，仔細詢問考試大小細節，又不時東催西催，反而容易讓考生更加緊張。

如果家中哥哥、姊姊或其他成年親友有空陪考的話，說不定是更適當的人選。他們能夠協助考生處理考場臨時狀況，比較不會投注過多關愛的眼神，或是迫切地想知道你考得好不好。如果陪考者能抱持著平常心及淡定的態度，考生比較不會有壓力，反而容易發揮應有的實力。

請與家人討論，選出最合適的陪考者，伴你度過關鍵性的重要考試！

給陪考者的建議

陪考者無不希望考生能夠順利考上理想志願，但陪考者如果給予過多關愛與叮嚀，反而會成爲考生的負擔。請你提醒陪考的家人：

● **不要比考生更緊張**——不管是颱風或地震，即使天快要塌了，陪考者也要頂著，讓考生順利完成應試，一切等考完再說！

要做的事情總找得出時間和機會；不要做的事情總找得出藉口。
～張愛玲 近代作家

●做好後勤支援——陪考者應具備十八般武藝，考生需要的，不管是茶水、毛巾、衛生紙、複習筆記或是午餐便當，都要準備妥當，在第一時間遞上，好讓考生能心無旁騖地專心應試。

●不要問成績——考完後問再多也是於事無補。陪考者的責任是幫助考生迅速忘掉上一節考試，適當加油打氣，讓他信心滿滿再進入考場，迎戰下一節考試。

●當隔音牆或防火牆——陪考者要把考場中的流言、八卦、小道消息通通擋掉，讓考生不受任何奇怪的消息或耳語影響，專心想著下一節或明天的考試就好。

陪考者的重責大任

陪考者應該要肩負的工作如下：

1. 先探查到考場的路線——考試當天必須避開容易塞車的路段，幫助考生以最快、最便捷的方式抵達考場，就是致勝的第一步。
2. 協助檢查所有必備物品——事前檢查要帶的東西，待考生進入考場後，妥善保管物品及書籍。
3. 了解考場配置——陪考者應與考生事先查看考場，確定各重要地點的位置，例如廁所、醫護室、福利社、考場辦公室等，以備不時之需。
4. 提供毛巾及飲料——等考生考完一科，步出教室時，

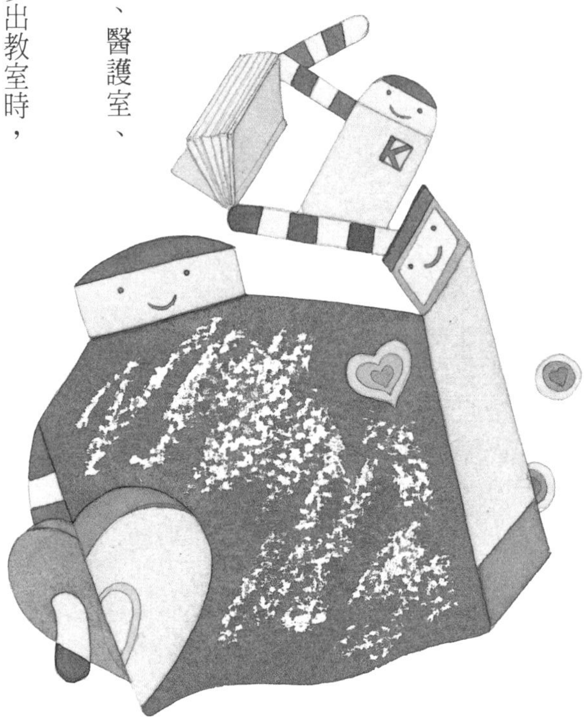

陪考者可準備冷飲及濕毛巾，讓考生在陰涼處小憩一番，補充元氣再上場。

❺給予加油打氣——沒必要問考得好不好。上一節考試表現如何已經不重要，重要的是下一節。適當關心考生的身心狀況，拍拍肩膀、輕輕擁抱或一個微笑，都能帶來正面的能量。

❻安排午休——中午時間好好休息，可以幫助考生充飽電，下午再全力應戰。陪考者須先幫考生準備午餐，並找個涼爽安靜的地方歇息，讓考生養精蓄銳，有精神應付下午的考試。

考完第一天，陪考者要依事先規畫的路線盡快帶考生回家。別急著看電視或報紙。因爲媒體的報導有時較爲誇大，多看多煩心。早點休息，好好睡覺，明天又能精神飽滿地上考場。

拳擊賽要獲勝，除了倚賴拳擊手本身的實力與技巧之外，場外助理人員的貼心協助亦不可或缺。考場中要獲勝，除了倚賴考生的實力發揮，有個充滿愛心又稱職的陪考者，更能助考生順利金榜題名！

考試達人武功祕笈

- 找一位溫暖親切又值得信賴的親人做你的考場護法，陪你闖過考試難關。
- 提醒你的陪考者保持平常心，過度關心反而會造成壓力。請他們於考試當天提供最佳的考場後勤支援即可。

我們唯一要恐懼的就是恐懼本身。
～羅斯福 美國前總統

2-5 讓自己考出高分的3S
——如何規畫國中會考作答時間？

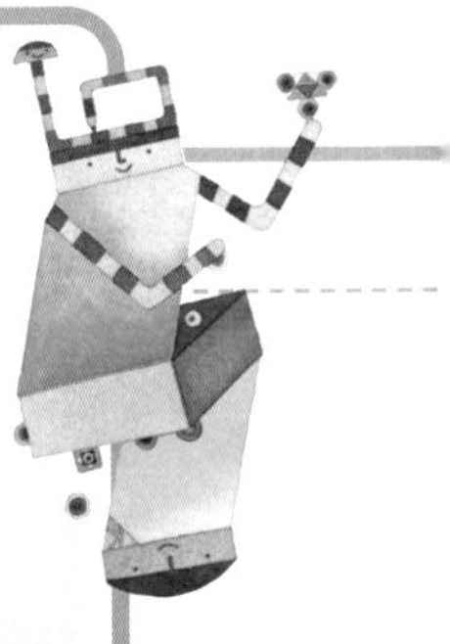

原本會做的題目，沒做或做不完，都得不到分數。
明明會做的題目，絕對不要因時間不夠而平白錯失得分機會。

考試成績的3S

考場中分秒必爭。考試靠實力，也倚賴解題的速度，即使每題都會，卻沒時間解完的話，也只能徒呼負負、扼腕不已。

有一個3S概念供你參考：考試成績＝Strength（實力）＋Smart（智慧）＋Speed（速度）。

成績要好，實力、智慧、速度三者缺一不可。如能精準掌握考試時間，就可以調控自己的作答速度。

每節考試要考多久通常是固定的，但是題數不確定，往往使考生難以控制作答時間。幸好目前幾個重要考試，大考中心在網站上都會事先公布模擬試題，或者考生可以參考從前的考古題狀況，事先規畫作答時間的安排。

絕對要在考前就擬妥作答時間的規畫。因為一旦走進考場，緊張會讓你無法靜下心來仔細考慮，也沒空思索分配作答時間。本節針對教育部公告的國中會考考試時間，提供你考試時的時間的安排建議。

國中會考考試時間

依教育部公告，國中會考各科時間及題數如左表。

公告訊息是大概的設定，要到考試當天看到考卷，才知道各科實際題數。但根據公告資訊，考生可事先規畫作答時間。先假設各科試題題數為：國文科四十八題、英文科閱讀題四十二題、數學科選擇題三十題，非選擇題兩題、社會科六十九題、自然科五十七題。

考試時間的分配

考試時，建議你分配作答時間的原則是：三大段加上一小段。

國文、社會、自然科都考七十分鐘，所以可規畫為：二十分鐘＋二十分鐘＋二十分鐘＋十分鐘＝七十分鐘。

從上述安排可以看出，最後留十分鐘做為緩衝時間，其餘六十分鐘則切成三段。

數學科的總答題時間為八十分鐘，建議留十分鐘檢查，十分鐘做非選擇題，其餘六十分鐘也是分成三段做選擇題。每段二十分鐘解答三分之一的題目，最後留十分鐘緩衝，用於解答難題或檢查答案。

以國文科為例，依上述規畫，應在最初二十分鐘解答十六題，四十分鐘要答完三十二題，六十分鐘要答完全

會考科目	測驗時間	預估題數
國文	70分鐘	45～50題
英語	閱讀60分鐘	40～45題
	聽力25分鐘	20～30題
數學	80分鐘	27～33題（選擇題25～30題；非選擇題2～3題）
社會	70分鐘	60～70題
自然	70分鐘	50～60題
寫作測驗	50分鐘	1題

※國中會考時間與題數分析表（資料來源：教育部網站 http://www.bctest.ntnu.edu.tw/）

三分壓力，想像力會把它擴張成七分。
～吳淡如 知名作家

部四十八題，留下最後十分鐘用於思索不會的難題及檢查答案。

上述作答時間規畫是以實際作答題數來計算，而非以題號來計算。例如在第一段最初二十分鐘，你解完國文科第十七題，但中間跳過兩題沒做，其實只解了十五題，表示進度有些落後，所以在第二及第三段時間區就要加快速度。

假設在最初二十分鐘解完第十九題，但中間跳過兩題沒做，代表已解了十七題，比原先規畫的進度還快，所以有更充裕的時間回頭審視不會的題目，進行檢查的工作。

建議大家不要每解一題，就立刻看錶計算時間。越看錶會越緊張。最好等累計到第一時間區的預定答題數（例如國文科已答了十六題）完成，再確認是否有超過第一個二十分鐘。如果少於二十分鐘，代表作答進度超前；若是超過二十分鐘，代表作答速度過慢，要加緊腳步趕上。

英文科選擇題答題時間爲六十分鐘，同樣建議留十分鐘檢查，其餘五十分鐘分三段做選擇題，每段約解十四題。

最後十分鐘

在最後十分鐘，是用來解難題好呢？還是用來檢查答案好呢？其實答案見仁見智。我們的建議是：

0分鐘 → 20分鐘	20分鐘 → 40分鐘	40分鐘 → 60分鐘	60分鐘 → 70分鐘

	第一時間區	第二時間區	第三時間區	緩衝時間區
國文	16題	32題	48題	檢查
數學	10題	20題	30題	檢查
社會	23題	46題	69題	檢查
自然	19題	38題	57題	檢查

●文科（國文、英文、社會）——對於尚未作答的文科難題，要盡力作答，可提高你的級分數。

●數學科——如果尚未作答的題目難度很高，較佳策略是先檢查已解出的答案，因爲很可能耗費許多時間還是解不出來，不如先確保已解出的題目都能確實拿到分數，讓應得的分數都落袋爲安。

●自然科——如果是敘述型難題，可嘗試努力作答，因爲說不定靈光乍現就找到答案。若是計算型難題，挑個順眼的答案回答即可，把時間用於檢查比較好。因爲計算型難題即使硬算，也不一定能在短時間內解出來。

平時參加模擬考時，可自行練習分配作答時間，並透過解答題數來評估自己的答題速度。考試要拿高分，必須練就解題快又準的功力。只要善於分配作答時間，就可以順利答完所有題目拿高分！

考試達人武功祕笈

- 國中會考各科留十分鐘做為緩衝及檢查，其餘時間分為三大段，每段解三分之一的題目。
- 數學科要保留足夠時間做非選擇題，避免因過於匆忙而粗心算錯。
- 保留最後十分鐘用於解答難題及檢查答案。努力作答難題，可提高你的級分數。

過去對的事，明天不一定對，否定自己才會進步。
～鄭崇華 台達電創辦人

2-6 考卷要做完才會有高分——如何規畫大學學測作答時間？

學測考得好，輕鬆上大學沒煩惱！
考試最怕題目做不完。想徹底發揮實力，考前需妥善分配作答時間！

學測作答時間的規畫

大學學測是升大學的第一關，雖然試題難度比不上指考，但是競爭者眾，想脫穎而出，必須有萬全的準備。

你可曾想過，考大學學測時，自己要花幾分鐘才能解一題國文選擇題？要花多久時間才能解一題數學計算題？多數人可能對此茫然毫無概念。

電視節目「火焰挑戰者」中，有個「急急棒」單元頗具過關難度。挑戰者必須有絕佳的平衡感及穩定度，又必須不受機關聲光的干擾，手持通有電流的急急棒在彎曲多變的兩條等距鐵圈中前進。如果參賽者太過心急，或是手不夠穩定，讓急急棒碰到鐵圈，機關瞬間就會發出巨響，將參賽者淘汰出局；如果太謹慎而速度過慢，也會因時間不足而time out，無法抵達終點獲得百萬獎金。

要闖關成功，奪取高額獎金，挑戰者必須兼具實力及速度。參加考試亦是如此！

要避免發生題目做不完的遺憾，考前即應先行針對答題速度與時間分配進行規畫。雖然考試當天的實際

題數與難度，可能與自己原本假設的不同，但是先規畫好大致的模式，等進了考場再依當天現況做調整，會比事前什麼都不做、船到橋頭自然直的態度，更能掌握考試時間的分配。

大學學測共分五個科目。除國文考試時間爲一百二十分鐘以外，其餘英文、數學、社會、自然皆是一百分鐘。接下來要介紹預先規畫作答時間的方法。

1 國文科學測

根據近幾年國文科學測試卷，單選題平均約十五題，佔三十分；多選題平均約八題，佔二十四分。非選擇題的作文部分共三大題，文章解讀爲九分，文章分析爲十八分，引導寫作佔二十七分。

國文科學測答題總時間爲一百二十分鐘。在時間分配上，建議四十分鐘用來寫選擇題，六十分鐘用來做非選擇題。非選擇題中，文章解讀較易回答，可安排十分鐘作答；文章分析則安排二十分鐘作答；引導寫作佔分極高，須安排三十分鐘作答。

國文科學測作答規畫

	作答時間	作答題目規畫
選擇題	○～二○分鐘	作答單選題（解答一～一五題，佔三十分）
	二○～四○分鐘	作答多選題（解答一六～二三題，佔二十四分）
非選擇題	四○～五○分鐘	作答文章解讀題（解答第一道非選擇題，佔九分）
	五○～七○分鐘	作答文章分析題（解答第二道非選擇題，佔十八分）
	七○～一○○分鐘	作答引導寫作題（解答第三道非選擇題，佔二十七分）
	一○○～一二○分鐘	緩衝及檢查

痛苦製造性格，性格製造希望，而希望不會讓我們失望。
～林書豪 NBA 知名華裔球員

因爲非選擇題的短文題也需要仔細檢查，所以國文這一科建議留二十分鐘用於緩衝及檢查。

在一百二十分鐘的考試時間內，作答時間規畫如上頁表格所示。

留最後二十分鐘做爲緩衝，若作文尚未寫完，就快馬加鞭、振筆疾書。如果作文已寫完，趕緊回頭檢查作答內容。中間若有跳過未完成的題目，也必須利用緩衝時間選定答案。

2 英文科學測

依據近幾年英文科學測試題，單選選擇題平均爲五十六題，佔七十二分。單選選擇題中，詞彙題佔十五分，綜合測驗佔十五分，文意選擇佔十分，閱讀測驗約佔三十二分。非選擇題有兩題，一題爲翻譯題，約佔八分；另一題爲英文作文題，佔二十分。

英文科與國文科一樣，作文部分是重頭戲，所以要預留充裕的時間寫作文。在一百分鐘的考試時間內，作答時間規畫如下表所示：

英文科學測作答規畫

	作答時間	作答題目規畫
選擇題	〇～十分鐘	作答詞彙題（解答一～一五題，佔十五分）
	十～二十分鐘	作答綜合測驗題（解答一六～三〇題，佔十五分）
	二十～三十分鐘	作答文意選擇題（解答三一～四〇題，佔十分）
	三十～六十分鐘	作答閱讀測驗題（解答四一～五六題，佔三十二分）
非選擇題	六十～七十分鐘	作答翻譯題（解答第一道非選擇題，佔八分）
	七十～九十分鐘	作答作文題（解答第二道非選擇題，佔二十分）
	九十～一〇〇分鐘	緩衝及檢查

閱讀測驗可能會佔用比預期更多的時間，如果來不及在預定時間內完成，必須縮短寫作文及檢查的時間。

3 數學科學測

根據近幾年數學科學測試卷，單選選擇題平均為六題，佔三十分；多選題七題，佔三十五分；選填題一般有七題，佔三十五分。總題數為二十題。

一般而言，選填題因為缺少可供參考的選項，考生經常會摸不著頭緒，所以解題也會較花時間。建議在進行規畫時，應分配較多的時間給選填題。

建議一百分鐘的作答時間分配如下：

數學科學測作答規畫

	作答時間	作答題目規畫
選擇題	○～二○分鐘	作答單選題（解答一～六題，佔三十分）
	二○～四五分鐘	作答多選題（解答七～一三題，佔三十五分）
非選擇題	四五～九○分鐘	作答選填題（解答一四～二○題，佔三十五分）
	九○～一○○分鐘	緩衝及檢查

數學科的作答時間有時較難掌握，因為如果題目偏難，考生會頻頻跳題。假設有許多題目跳過未答，替代方案是計算自己作答一題平均要花多少時間，以確保答題數和得分。本節最後會介紹作答題目時間的估算。

當天才不努力時，努力可以擊敗天才。
～凱文・杜蘭特 美國職業籃球運動員

4 社會科學測——

近年來社會科學測平均出七十二題，第一部分爲一般單選題，約出五十八題，佔一百一十六分。第二部分爲題組題十四題，每題兩分，佔二十八分。總分爲一百四十四分。

在一百分鐘的應試時間內，建議規畫作答時間如下：

社會科學測作答規畫

	作答時間	作答題目規畫
選擇題	〇～三五分鐘	作答一般選擇題前半部（解答一～二九題，佔五十八分）
	三五～七〇分鐘	作答一般選擇題後半部（解答三〇～五八題，佔五十八分）
題組題	七〇～八〇分鐘	作答題組題前半部（解答五九～六五題，佔十四分）
	八〇～九〇分鐘	作答題組題後半部（解答六六～七二題，佔十四分）
	九〇～一〇〇分鐘	緩衝及檢查

一般而言，題組題難度較高，所以需預留較多解題時間。

5 自然科學測——

依近幾年自然科學測題目分布，第一部分選擇題平均有四十題，其中單選題二十八題，多選題八題，綜合題四題，每題兩分，共佔八十分；第二部分題組題約二十八題，最高可獲滿分四十八分。

在一百分鐘的應試時間內，建議規畫作答時間如下：

自然科學測作答規畫

作答時間	作答題目規畫
選擇題	
○～三○分鐘	作答單選題（解答一～二八題，佔五十六分）
三○～五○分鐘	作答多選題及綜合題（解答二九～四○題，佔二十四分）
五○～九○分鐘	作答題組題（解答四一～六八題，最高佔四十八分）
九○～一○○分鐘	緩衝及檢查

自然科第二部分是題組題的設計，需花較多時間解題，故應預留較多作答時間。

分配作答時間的練習

以上列舉的作答時間可供考生參考，以此在考場中查核自己的答題速度。如果發現進度超前，可略微放鬆緊張的心情；如果發現進度不如預期，就要加快速度，但切勿操之過急，以免因粗心而失分，反而「欲速則不達」！

平時參加模擬考前，可將上述的作答時間表影印剪下，貼在筆記本中，以便記住在什麼時間點應查核自己的作答速度。

在學測當天，也可以在臨考前再提醒自己注意如何分配作答時間。當你依照規畫順利答題時，會越來越不緊張，也會

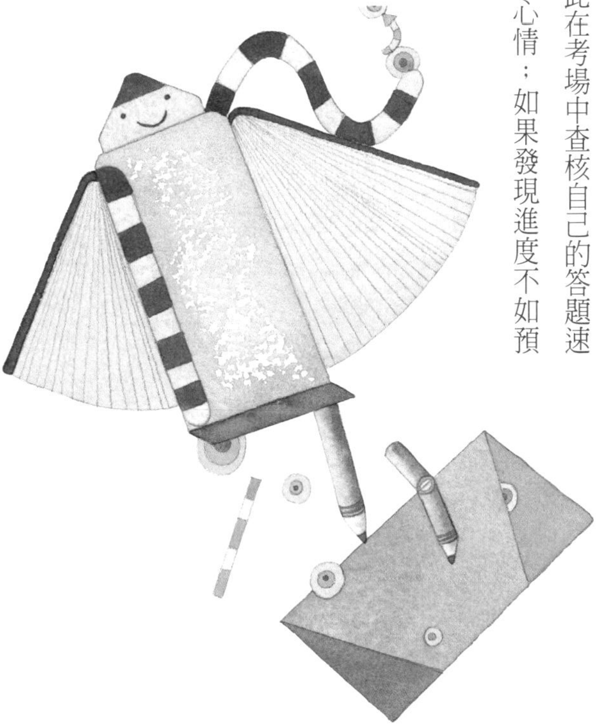

逐漸建立起應試的自信心。

先前提到如果考題較難，解題時可能會發生跳題的狀況。這時該如何規畫作答時間呢？

建議你計算各科的每題平均解題時間。你可以這樣做：

❶ 除了國文科保留最後二十分鐘，其餘四科都保留最後十分鐘，用於緩衝及檢查。

❷ 如此一來，國文科有一百分鐘，其餘四科各有九十分鐘可供作答。

❸ 國文科：六十分鐘寫非選擇題，其餘時間寫選擇題。平均一道選擇題作答時間約爲一．七分鐘。

英文科：三十分鐘寫非選擇題，其餘時間寫選擇題。平均一道選擇題作答時間約一分鐘。

數學科：解一道選擇題的時間約爲四分鐘，解一道選塡題的時間約爲五分鐘。

社會科：解一道選擇題的時間約一．二分鐘。

自然科：解一道選擇題的時間約一．三分鐘。

以回答一題的平均時間來估算，是查核自己解題速度快慢的另一種方法。畢竟考場上分秒必爭，時間分配得當就是獲得分數的保障！

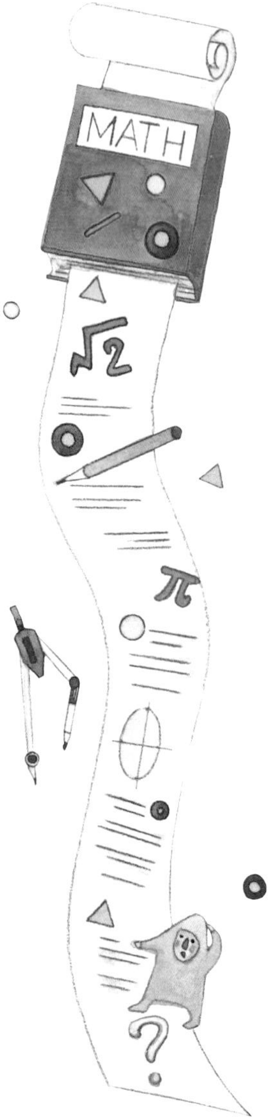

考試達人武功祕笈

- 想在大學學測中得高分，各科題目一定要盡量做完！事先規畫的作答時間是否合宜，是決定考試分數高低的勝負關鍵。
- 國文科規畫一百分鐘作答，分配給選擇題四十分鐘、非選擇題六十分鐘，最後留二十分鐘緩衝及檢查。
- 英文科規畫九十分鐘作答，分配給選擇題六十分鐘、非選擇題三十分鐘，最後留十分鐘緩衝及檢查。
- 數學科規畫九十分鐘作答，分配給選擇題四十五分鐘、非選擇題（選填題）四十五分鐘，最後留十分鐘緩衝及檢查。
- 社會科規畫九十分鐘作答，分配給一般選擇題七十分鐘、題組題二十分鐘，最後留十分鐘緩衝及檢查。
- 自然科規畫九十分鐘作答，分配給第一部分選擇題五十分鐘、第二部分題組題四十分鐘，最後留十分鐘緩衝及檢查。
- 國文科選擇題解題平均時間是一．七分鐘、英文科選擇題解題平均時間是一分鐘、社會科選擇題解題平均時間是一．二分鐘、自然科選擇題解題平均時間是一．三分鐘。數學科選擇題解題平均時間是四分鐘，選填題解題平均時間約為五分鐘。

要真正了解一個人，只要看他怎樣利用餘暇時光就可以了。
～林語堂 中國文學家

2-7 搶到時間才能搶分——大學指考文科考試如何爭取時間？

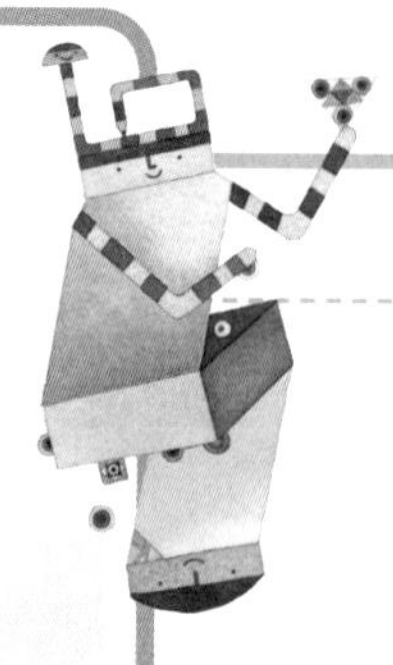

大學指考的文科科目很多，考生必須全力以赴，才能獲得高分。為完全展現一己之真正實力，考前妥善規畫作答時間至關重要。指考考得好，更能選到心目中的理想志願！

指考文科的作答時間規畫

K書計畫需要時間管理，考場上解題作答，更需要時間管理。能提前做完所有試題，才有足夠時間回頭檢查。

大學入學指考的「文科」共有五個科目：國文、英文、地理、歷史、公民與社會。指考每一節的考試時間比學測短。若想順利答完全數考題，考前就必須預先積極規畫作答時間。

大學指考各科考試時間都是八十分鐘，因此建議你以七十分鐘用於作答題目，保留最後十分鐘用於緩衝及檢查。

大學指考的命題特色在於各科均有非選擇題。國文及英文科有作文題，物理、化學、生物、數學科有非選擇題，地理、歷史科有簡答題。因爲非選擇題佔分比重高，且需要較長時間思考，必須預留較多的作答時間。

接著，來看看各科作答時間的規畫。雖然考題數及題型不一定每年都相同，但過去的命題形式仍有參考價值。建議規畫作答時間如下：

國文科主要測驗考生的國文程度，但是除了鑑別國文程度外，也要測驗考生的閱讀速度。有些考生閱讀速度較慢，在應試時容易吃虧，因此考前盡量加強閱讀速度與題意理解的訓練，以確保考試時的表現。

爲了確保順利做完所有考題，建議讀者參考以下的時間規畫：

國文科指考作答規畫

	作答時間	作答題目規畫
選擇題	○～二○分鐘	作答單選題（解答一～一七題，佔三十四分）
	二○～三○分鐘	作答多選題（解答一八～二四題，佔二十一分）
非選擇題	三○～四○分鐘	作答文章解讀（二題，佔十八分）
	四○～七○分鐘	國文作文（佔二十七分）
	七○～八○分鐘	緩衝及檢查

國文科的單選題與多選題規畫作答時間共計三十分鐘，這兩個部分的作答時間可視考題難易程度調整。每一道選擇題平均解題時間約一．二分鐘。

文章解讀及作文規畫作答時間爲四十分鐘。如能提前完成文章解讀的部分，可將多餘時間分配給作文。

必需充分保留作文書寫的時間，以免因爲時間不足而倉促下筆，出現文不對題的狀況，或寫出錯別字，更要注意避免因爲無法全篇寫完而導致被扣分。

有了正確的態度，工作才有正確的意義。
～馬以工 知名作家

2 英文科指考——

在大學指考英文科考試中，選擇題部分規畫五十分鐘，平均每題作答時間爲○．七分鐘，比學測英文科的每題作答時間要短，所以參加指考英文科考試時，解題速度要加快。

非選擇題部分規畫二十分鐘。如果希望有充裕的時間書寫英文作文，就必須盡量縮短作答翻譯題的時間。翻譯題越快完成，留給英文作文的時間就越多。

英文科指考作答規畫

	作答時間	作答題目規畫
選擇題	○～七分鐘	作答詞彙題（解答一～一○題，佔十分）
	七～十四分鐘	作答綜合測驗題（解答一一～二○題，佔十分）
	十四～二一分鐘	作答文意選填題（解答二一～三○題，佔十分）
	二一～三五分鐘	作答篇章結構題（解答三一～三五題，佔十分）
	二五～五○分鐘	作答閱讀測驗題（解答三六～五一題，佔三十二分）
非選擇題	五○～五四分鐘	作答翻譯題（二題，佔八分）
	五四～七○分鐘	作答英文作文題（佔二十分）
	七○～八○分鐘	緩衝及檢查

3 歷史科指考——

歷史科考題有單選題、複選題、非選擇題。應考時必需保留足夠時間作答非選擇題。規畫考試作答時間如左表：

歷史科指考作答規畫

	作答時間	作答題目規畫
選擇題	〇～四〇分鐘	作答單選題（解答一～三六題，佔七十二分）
	四〇～五〇分鐘	作答複選題（解答三七～四〇題，佔八分）
非選擇題	五〇～七〇分鐘	作答解答題（四大題，佔二十分）
	七〇～八〇分鐘	緩衝及檢查

歷史科有五十分鐘用於作答選擇題，平均一．三分鐘解一題，時間上應該還算充裕。解非選擇題則規畫了二十分鐘，最後保留十分鐘做爲緩衝及檢查。

4 地理科指考

地理科指考只有單選題，但難度未必比歷史科容易。考生要注意，必需保留充裕時間解答非選擇題。作答時間規畫如左表：

地理科指考作答規畫

	作答時間	作答題目規畫
選擇題	〇～五〇分鐘	作答單選題（解答一～三八題，佔七十六分）
非選擇題	五〇～七〇分鐘	作答解答題（三大題，佔二十四分）
	七〇～八〇分鐘	緩衝及檢查

勇敢夢想，慎選策略，落實細節，走出困局，向上爬，往上走，高處眼亮！
～林懷民 雲門舞集創辦人

地理科規畫五十分鐘作答選擇題，平均一．三分鐘解一題，時間上與歷史科差不多。另外二十分鐘用來解非選擇題。

5 公民與社會科指考——

公民與社會科的題數與地理科接近，考題安排也只有單選題和多選題兩種。因爲沒有非選擇題，所以答題時間較爲充裕。

公民與社會科指考作答規畫

	作答時間	作答題目規畫
選擇題	○～五○分鐘	作答單選題（解答一～三九題，佔七十八分）
多選題	五○～七○分鐘	作答多選題（解答四○～五○題，佔二十二分）
	七○～八○分鐘	緩衝及檢查

公民與社會科規畫七十分鐘作答單選題及多選題，平均一．四分鐘解一題，每題可用時間與地理及歷史科差不多。剩下十分鐘留做緩衝及檢查。

想在大學指考的文科科目中取得高分，除了自己要具備堅強的實力外，能否精準掌握作答時間亦是極爲重要。從考題安排來判斷，國文與英文的作文是重頭戲，佔分比重相當高，應保留充裕的時間作答。

掌握時間才能掌握速度！有效控管作答時間，才容易考出高分！

延伸招式 《超高效K書達人》三之四節：用SWOT找出競爭優勢！

考試達人武功祕笈

- 大學指考前，要先規畫好各科作答時間。大學指考每一科都考八十分鐘，前七十分鐘用於答題，最後十分鐘用於緩衝及檢查。
- 國文科的選擇題作答時間，平均每一．二分鐘要解一道題。
- 英文科的選擇題作答時間，平均每〇．七分鐘要解一道題。
- 國文科及英文科的非選擇題是重頭戲，各規畫三十分鐘及二十分鐘作答。
- 歷史科及地理科的選擇題作答，平均每一．三分鐘解一道題，非選擇題作答時間為二十分鐘。
- 公民與社會科的選擇題作答，平均每一．四分鐘解一道題。
- 考試分數「分分」必爭，考場作答也是「分秒」必爭！考前妥善規畫作答時間，可安撫緊張的心情，也會為你爭取高分！

在你沒有成功之前，沒有任何人會理解你。
～比爾・蓋茲 微軟創辦人

2-8 仔細規畫及分配作答時間

——大學指考理科考試如何爭取時間？

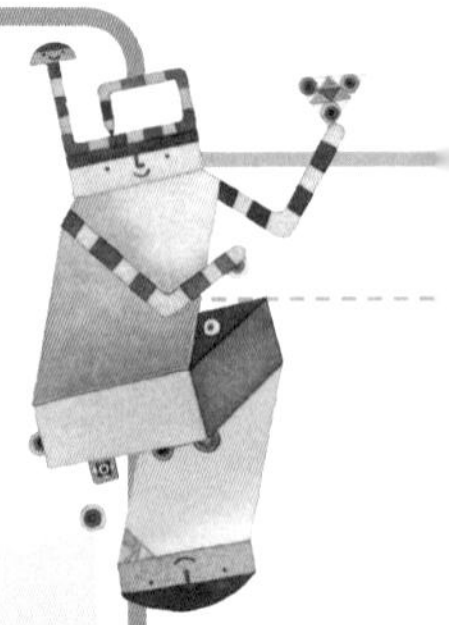

大學指考理科科目共有：數學甲、數學乙、物理、化學、生物五科，每科考試時間均為八十分鐘。
想在理科上拿高分，必須比文科更精準調控作答時間！

指考理科的作答時間規畫

大學指考理科的難度較學測爲高，所以作答時間的掌握就更形重要。

數學科分甲、乙。現在跨類組的考生越來越多，不少人選擇同時考數學甲及數學乙，不僅可增加選擇學校科系的機會，又能豐富自己應試的經驗。

數學科是許多考生最畏懼的科目。但是如果你能拿到較多的分數，或是盡量減少失分，就可以拉開與其他考生的得分差距。所以數學科的分數高低，往往是整場考試中決勝的關鍵。

1 數學甲指考——

數學甲、乙兩科規畫的作答時間大同小異，如左頁圖表所示。

針對數學甲，規畫三十分鐘寫選擇題，每題平均作答時間約三．八分鐘。

非選擇題則是規畫四十分鐘作答，其中二十分鐘寫選填題，另外二十分鐘寫計算證明題。這兩部分的實際作答時間可再依題目難易程度做調整。

數學甲指考作答規畫

作答時間	作答題目規畫
選擇題	
〇～一二分鐘	作答單選題（解答一～三題，佔十八分）
一二～三〇分鐘	作答多選題（解答四～八題，佔四十分）
非選擇題	
三〇～五〇分鐘	作答選填題（三題，佔十八分）
五〇～七〇分鐘	作答計算證明題（二題，佔二十四分）
七〇～八〇分鐘	緩衝及檢查

2 數學乙指考——

數學乙的作答時間規畫如左表所示：

數學乙指考作答規畫

作答時間	作答題目規畫
選擇題	
〇～一〇分鐘	作答單選題（解答一～二題，佔十二分）
一〇～三〇分鐘	作答多選題（解答四～七題，佔四十分）
非選擇題	
三〇～五〇分鐘	作答選填題（三題，佔二十四分）
五〇～七〇分鐘	作答計算證明題（二題，佔二十四分）
七〇～八〇分鐘	緩衝及檢查

針對數學乙，規畫三十分鐘寫選擇題。因題數少於數學甲，故每題平均作答時間約四．三分鐘，略長於數學甲。

非選擇題共規畫四十分鐘，其中二十分鐘寫選填題，另外二十分鐘寫計算證明題。盡速完

教育是最強大的武器，足以讓你改變全世界。
～納爾遜・曼德拉 南非前總統

成選填題的作答，便能保留更多時間做計算證明題。

3 物理科指考——

物理科試題總數多於數學科，在題數較多的狀況下，更需精準掌握每題的作答時間。作答時間的規畫如左表所示：

物理科指考作答規畫

	作答時間	作答題目規畫
選擇題	○～四○分鐘	作答單選題（解答一～二○題，佔六十分）
	四○～五○分鐘	作答多選題（解答二一～二四題，佔二十分）
非選擇題	五○～七○分鐘	作答計算題及簡答題（二大題，佔二十分）
	七○～八○分鐘	緩衝及檢查

在上述規畫中，分配五十分鐘給選擇題，所以每題平均解題時間有兩分鐘，另外二十分鐘用於作答計算題及簡答題。

4 化學科指考——

化學科的試題總數與物理科差不多。爲了順利答完所有題目，詳細規畫作答時間仍有其必要。重點在於要保留充裕的時間給計算題及簡答題。

化學科指考作答規畫

	作答時間	作答題目規畫
選擇題	○～三○分鐘	作答單選題（解答一～一六題，佔四十八分）
	三○～五○分鐘	作答多重選擇題（解答一七～二五題，佔三十六分）
非選擇題	五○～七○分鐘	作答計算題及簡答題（二大題，佔十六分）
	七○～八○分鐘	緩衝及檢查

依照上述規畫，有五十分鐘寫選擇題，每題平均分配時間為兩分鐘。剩下二十分鐘用於作答計算題及簡答題。

5 生物科指考

跨類組考生增加後，過去考生可能單考物理科和化學科，但現在不少人選擇額外加考生物科。生物科雖然較少出現複雜的計算題，但仍不乏需要推理判斷的題目，所以作答時相當花時間。

相較於物理和化學兩科，生物科的總題數多很多，故應注意加快解題速度。

生物科指考作答規畫

	作答時間	作答題目規畫
選擇題	○～二○分鐘	作答單選題（解答一～二○題，佔二十分）
	二○～三五分鐘	作答多選題（解答二一～三五題，佔三十分）
	三五～五○分鐘	作答閱讀題（解答三六～四六題，佔二十四分）
非選擇題	五○～七○分鐘	作答非選擇題（四大題，佔二十六分）
	七○～八○分鐘	緩衝及檢查

夢想與理想不同，不用負責的是夢想，要去做、去負責的叫理想。
～侯文詠 知名作家

生物科的選擇題共分配五十分鐘，平均約一分鐘解一題。閱讀題有時需要更多時間思考，若能盡量縮短作答其他選擇題的時間，將可保留更充裕的時間給閱讀題。

作答時間的分配練習

依照上述的作答時間規畫表，你會發現各科的題數及題型分配均不相同，不太容易熟記裡面的所有內容。

建議你可將應試科目的時間表影印剪下，貼在自己的考前總複習筆記本內。

不論是學校模擬考或正式指考，請在考前拿出來看一下，以喚起自己的記憶。然後在考試進行時，階段性查核解題速度是否與計畫相吻合。如果進度符合預期，就繼續安心作答；若是進度落後，就要加快速度解答剩下的題目。

這裡提供的時間規畫表可讓讀者做爲參考，但並非一定要墨守成規。畢竟每個人的作答習慣不同，對各類題型的解題速度亦略有差異。讀者可以參照上述建議，再修正成最適合自己的作答時間表。另外在模擬考時，也可以趁機確認自行擬定的作答時間規畫表是否恰當。

另一種方法是根據每題平均解題時間來評估自己的解題速度。例

如：規畫每五分鐘要解一道數學甲的選擇題，如果發現自己的作答平均解題時間多於五分鐘，就要趕緊加快速度。

請在考前事先規畫作答時間，找出最適合自己的方法，臨上考場才不至於因爲心亂而顧此失彼，導致來不及寫完而痛失分數的遺憾！

延伸招式 《超高效K書達人》三之五節：找出自己的重點加強項目！

考試達人武功祕笈

- 大學指考的數學甲、數學乙、物理科、化學科、生物科的非選擇題都是得分關鍵，分別規畫三十、四十、二十、二十、二十分鐘作答。
- 各科選擇題每題平均作答時間規畫如下：國文科一．二分鐘，英文科一分鐘，數學甲三．八分鐘，數學乙四．三分鐘，物理科兩分鐘，化學科兩分鐘，生物科一分鐘，歷史科一．三分鐘，地理科一．三分鐘，公民與社會科一．四分鐘。
- 平時在模擬考時，應把握機會練習作答時間的分配，養成事先規畫作答時間的習慣。
- 將作答時間分配表影印剪下，貼在隨身筆記本中，提醒自己在考試時留意時間的分配！

人生不只是坐著等待，好運就會從天而降。就算命中註定，也要自己去把它找出來。
～李安 知名導演

第一次 第二次 第三次

□□□ 考前會預先備妥應試當天所需物品，絕不會忘記帶准考證。另外會多準備兩張備用證件照片，以防不時之需。

□□□ 考前會親自去看考場，事先進行考場勘查。

□□□ 會事先察看到考場的交通路線、考場的地理環境、休息區的位置等，也會計算到達考場的交通時間。

□□□ 如果有人陪考，請他們不要給你過多的關愛及壓力。

□□□ 考前會針對各科考試做時間規畫，讓自己能從容應試。

□□□ 會利用模擬考的機會，練習規畫適合自己的作答時間。模擬考後，再修正答題時間的安排。

□□□ 會評估各科每題平均需多少作答時間，以調整解題速度。不要讓自己發生考卷寫不完的狀況。

□□□ 會保留足夠的時間做非選擇題。

□□□ 會保留充裕的時間寫英文作文及國文作文。

□□□ 會保留一段時間用於緩衝及檢查。

考試達人
挑戰擂臺第二關

請在不同顏色框框（□）中，依自己目前狀況檢驗考試學習的成果。對於已經達成的事項，請打勾（✓）；對於偶而可以達成的事項，請打三角（△）；對於經常無法達成的事項，請打叉（╳）。

◎ 第一次挑戰——
請填在第一排**藍色框框**中，並請填上今天的日期。

◎ 第二次挑戰——
請於一個月後再次檢驗，請填在第二排**黃色框框**中。

◎ 第三次挑戰——
請於三個月後再檢驗一次，請填在第三排**紅色框框**中。

當你的框框中勾勾（✓）數越多時，代表你已逐漸向考試達人邁進；當你的框框中全部填滿勾勾（✓）時，代表已經挑戰成功！

第一次 第二次 第三次

第一次挑戰日期	年	月	日	時
第二次挑戰日期	年	月	日	時
第三次挑戰日期	年	月	日	時

□□□ 考前最後階段至少要解三年份的考古題，並熟記解題步驟。

□□□ 高中生看國中會考題目，國中生試看大學學測題目，有助於在正式考試得分。

Chap 3

選擇題考試達人

3-1 無心之過不能犯——考試中千萬不能犯的天大錯誤！

3-2 打敗毛利小五郎——如何用大偵探小柯南的高招解題？

3-3 到底該猜哪一個答案——如何找出單選題的答案？

3-4 多選題是用來嚇考生的——如何判斷多選題的答案？

3-5 先吃軟，不要先吃硬——如何處理沒有把握的題目？

3-6 考場中的破案神探——如何用消去法選出正確答案？

3-7 一陽指神功的威力——如何用代入法快速解題？

3-8 不要傻傻地做無窮排列——如何破解排列組合題？

考試達人加油站

「步步高升」的魔法寶物

❶ 請將第一次大考或模擬考的名稱、日期和總分名次填在綠色格子中。

❷ 第二次考試時，若總分名次上升，則往上填在藍色格子裡；若總分名次下降，則往下填在黃色格子裡。

❸ 第三次考試之後，總分名次填法相同。以上一次名次為基準，若總分名次有上升，則往上填；若總分名次下降，則往下填。

	1	2	3	4	5	6	7	8	9
大考名稱									
考試日期									
第一次考試									

- 考完試後，請檢討自己考得好或考得差的原因。
- 下次考試時，請保持考得好的優勢，並改善上次考得差的缺失，名次就會步步高升。

考試名稱	考後檢討：考得好的原因	考後檢討：考得差的原因

3-1 無心之過不能犯——考試中千萬不能犯的天大錯誤！

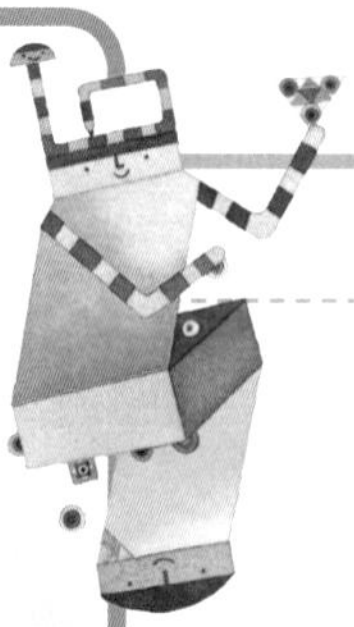

「知己知彼，百戰不殆；
不知彼而知己，一勝一負；
不知彼，不知己，每戰必殆。」～《孫子兵法》

考場中不能犯的「十二大錯誤」

養兵千日，用於一朝。好不容易才熬到考試這一天，雖然不見得「一試定終生」，但這場考試將左右個人前途及未來求學生涯，不能不愼重視之。

超高效K書教練團提醒你，在考場上，有些錯誤絕對不能犯，否則將後悔莫及。

考場中絕對不能犯的「未戰先敗」型的「十二大錯誤」說明如下：

● 錯誤第一名：未帶准考證——

准考證是進入考場的憑證。每位考生必帶，但每年總是有人粗心忘記或遺失！

如果眞的沒帶或遺失，要盡快到考場辦公室，提供個人身分證及兩吋照片一張，當場申請補發。

假設也沒帶照片，該如何是好？萬不得已的情況下，只好剪下其他證件上的照片替代使用，考後再申請補發證件。

● 錯誤第二名：跑錯考場或找不到座位——

雖然發生機率看似很低，但總是有些超級迷糊的考生因沒時間或認爲沒必要先看考場，到了考試當天，

慌張跑錯考場，或找不到座位。請注意，考前看考場是必要的準備工作。

錯誤第三名：攜帶手機進入試場

手機應放在考場的「臨時置物區」，並且必須關機，最好將電池取出。如果手機發出聲響，考生會被視爲違規並遭到扣分。國中會考規定較嚴格，禁止攜帶手機進入考場；若帶入考場，必須關機、取出電池，並置於考場前後方地板上。

錯誤第四名：漏看題目

大考試卷張數很多，爲了方便考生計算及思考，題與題之間往往會留下較大的空格。經常有些人看到考卷尾端有一塊空白區域，就以爲考試題目到此爲止，沒留意到翻頁還有題目，結果因漏看而少做題目。

拿到試卷後，應該立即從頭到尾快速掃瞄一遍，先確定題數與題型。這是考試的基本功，請務必確實做到！

錯誤第五名：塡錯答案卡

有的同學生性謹慎，會將答案先寫在試卷上，最後再塡入答案卡中。有時因時間緊迫，交卷前一時心急，塡錯了一格，導致後面的答案便跟著全盤皆錯。

爲了避免出錯，比較保險的作法是解一道題目就塡一題答案卡。塡答案卡之前，先核對題號。如果遇到沒把握的題目就先跳過不答，並在答案卡題號處用2B鉛筆輕輕畫一個小點，提醒自己注意此題尙未塡寫答案，以免下一題塡錯格子。

如果你把每天都當成最後一天來過，總有一天你會證明自己是對的。
～史帝夫‧賈伯斯 蘋果電腦創辦人

等到最後那些沒把握的題目也作答完畢，再以橡皮擦將題號處的記號擦掉。請注意！交卷前，答案卡上不要留下任何與答案無關的記號。

●錯誤第六名：提早或逾時作答

別太心急！正式考試鈴聲尚未響起，不能翻閱試卷或搶先作答。答題時間結束，切勿繼續書寫，以免被扣分！

●錯誤第七名：違反考場秩序及有舞弊嫌疑

考場內不得喧譁，不得攜帶書籍和小抄進入，也不能抄襲或便利他人窺視。

●錯誤第八名：使用不合規定的文具

不得使用計算紙及計算機等不符規定的文具。

●錯誤第九名：考場中禁止飲食

考試進行中不能吃東西、嚼口香糖，甚至是喝水。若有特殊情況，例如因病需要喝水時，可在考前向考區辦公室報備。

●錯誤第十名：遲到太久或過早離場

各類大型考試均有規定，遲到超過一定時間就不能進入考場，開考後在座位上必須待滿一定時間才可以離開考場。遲到太久或過早離開考場都視爲違規。

●錯誤第十一名：未在試卷規定的作答區內作答

在非選擇題的答案卷中，都有指定的作答區域。不論是計算題或簡答題，都必須在規定作答區內寫答案，不可超出作答範圍。

●錯誤第十二名：在答案卷上顯示個人身分，或標示與答案無關的文字或符號

有的考生喜歡「畫蛇添足」，在答案卷上寫「閱卷考師，您辛苦了」這類的話，以爲可以爭取同情分數。殊不知在答案卷上顯示個人身分，或塗寫與答案無關的文字或符號，將視爲違規而被扣分！所以千萬不要自作聰明，在答案卷上寫些不相干的文字或符號！

想考出傲人佳績，不光靠實力，也要靠細心與耐力。考前務必提醒自己，千萬不能犯任何無心之過，讓該拿到的分數通通安全落袋！

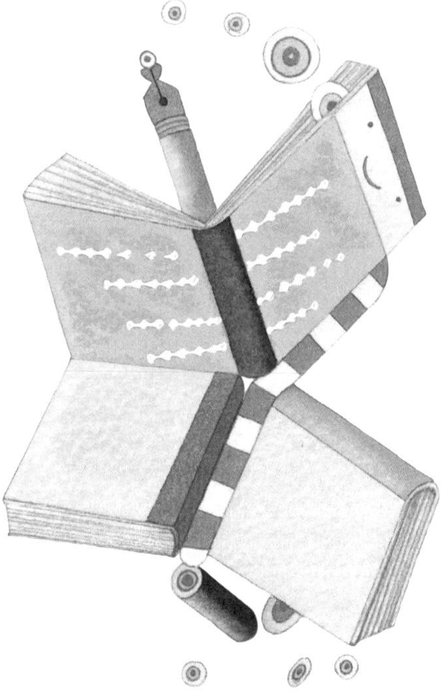

延伸招式

《超高效K書達人》七之三節：考後一百分的訣竅

考試達人武功祕笈

- 考試達人在考場中想要過關斬將，必須避免任何無心犯錯導致失分的可能！
- 令人傷心又流淚的「考場第一大錯誤」是：未帶准考證。其他「考場十一大錯誤」是：跑錯考場、攜帶手機入場、漏看題目、填錯答案卡、提早或逾時作答、違反秩序及舞弊、考試中飲食、使用不符規定的文具、遲到或早退、越區作答、顯示身分。

3-2 打敗毛利小五郎

——如何用大偵探小柯南的高招解題？

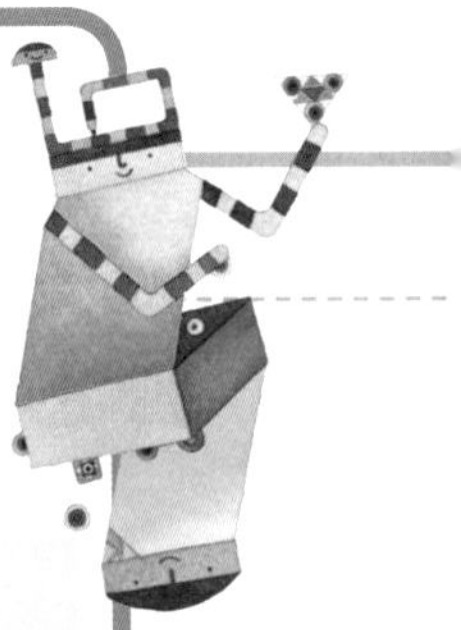

柯南善於偵破各種奇案，他的辦案名言是：「真相永遠只有一個」！
考試解題達人也善於解破各種難題，因為「考試的正確答案只有一個」！

小柯南大偵探

柯南是個善於解破各種奇案的大偵探，他的破案技巧純熟，連毛利小五郎也自嘆不如。

我們也要像柯南一樣，在考場中解破各式機關及陷阱，讓出題老師服輸！

《名偵探柯南》是部風靡衆多推理偵探迷的卡通。主角柯南是整部卡通的靈魂人物，他出神入化的辦案過程與技巧，總能讓觀衆讚嘆不已。柯南原名工藤新一，是帝丹高中的學生，不喜歡吃葡萄乾，愛吃檸檬派，唱起歌來五音不全，但是喜歡推理研究，偵辦起案件來，讓人嘖嘖稱奇，大爲佩服。

有一次柯南在追查黑衣歹徒行徑時，竟然不小心被設計吃下毒藥「APTX4809」，導致身體縮小成國小一年級的模樣。他在阿笠博士家的書架上看到「江戶川亂步」全集，而自己的父親又是《福爾摩斯探案全集》作者柯南．道爾的書迷，於是靈機一動，自己取名爲「江戶川柯南」以掩飾眞實身分，後來寄宿在叔叔毛利小五郎家裡，並在偵探事務所中協助辦案。

柯南在偵探事務所遇到各式離奇案件，不論是摩天

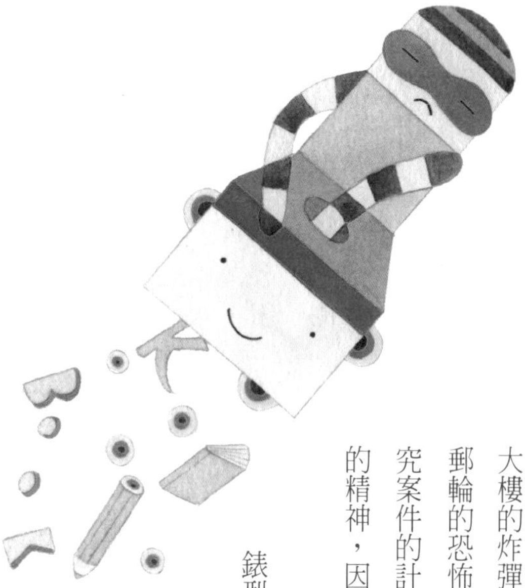

大樓的炸彈攻擊、珠寶怪盜基德的挑戰、神祕黑衣客的埋伏，或是豪華郵輪的恐怖破壞事件等等，他始終沉著冷靜，尋找現場的蛛絲馬跡，研究案件的計謀與動機，並以精湛推理及嚴密邏輯思考，再加上鍥而不捨的精神，因而能屢破奇案。

而阿笠博士也為柯南發明了數種協助辦案的工具，例如手錶型麻醉槍、眼鏡型竊聽器、蝴蝶結變聲器、超級動力鞋、伸縮吊帶等等。手錶型麻醉槍大多用來讓毛利叔叔變成「沉睡小五郎」，蝴蝶結變聲器能將小柯南的聲音變成毛利叔叔的，以便向目暮警官道出案件的原委及案發過程。

柯南在案情膠著時，最喜愛講一句話：「眞相永遠只有一個。」如果柯南沒有絕佳的觀察力、邏輯思維以及推理能力，他僅是個普通的小學生而已，無法偵破任何案件！

考場上的柯南

柯南的名言「眞相永遠只有一個」的意思是：任何不尋常或不自然的現象，必有其形成原因。只要抽絲剝繭，反覆思考推敲，必能找到事實的眞相。

這句話也可以應用在考試解題上。

拿到考卷，看到試題，可能一時毫無頭緒，不知從何下手。此時要心想「答案的眞相永遠只有一個」，將自己化身為「考場上的柯南」。

我總是做我不會的事，好讓我學習該如何做到。
～畢卡索 西班牙藝術家

柯南辦案流程可分三步驟：身置現場、推理思考、解答奇案。正如柯南一般，當你已身置考場，接下來就要進行推理思考、解答難題了。

柯南式的解題高招

來思考柯南辦案有何特色？

- **柯南辦案總是保持鎮定**——即使碰到自己不擅長的題目，也不可驚慌失措或焦慮緊張。
- **柯南帶著放大鏡觀察現場**——當你遇到難題時，要睜大眼睛或擦亮眼鏡，仔細尋找解題的線索。
- **柯南從不說：「我破不了案！」**——碰到很難的題目，不要立刻放棄投降，不妨先試著解解看。如果真的解不出來，先跳過，等做完其他題目再回頭處理。
- **柯南善於蒐集現場內外證據**——解題的線索經常就在考卷上，你要適時擴大蒐證範圍。如果從題目本文中找不到足夠的破題線索，可以從答案的選項中尋找。若是本題的全部內容尚不足以幫你解題，檢查看看是否有附表、附圖或其他參考資料等。也說不定在其他題目中，老師不小心留下可供解答這題的提示或訊息呢！
- **柯南善於邏輯思考與推理判斷**——第一步

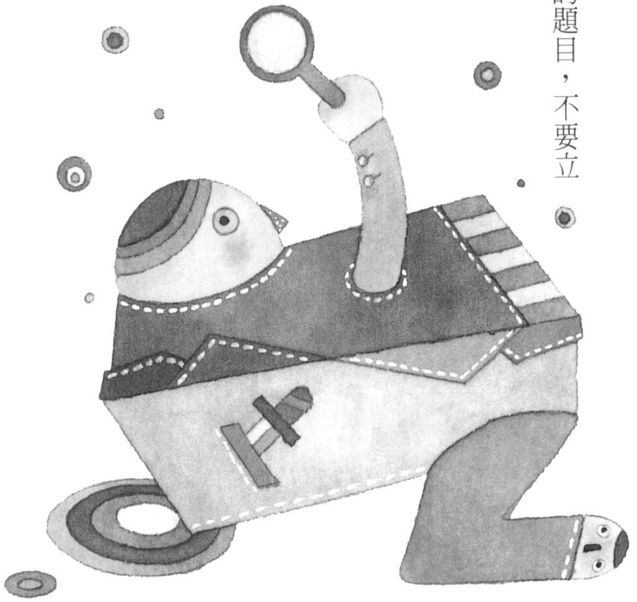

要冷靜，遇到難題，先深呼吸幾次，平緩緊張的情緒。心神安定，大腦思路才會清晰。接下來重新歸納整理手邊的線索，思考命題的脈絡及出題的動機，化繁爲簡，排除障眼法機關，讓答案的眞相逐一顯現。

●**柯南破案後，不會沾沾自喜**——好不容易破解一道大難題後，恭喜你順利奪得分數，但是別高興得太早，因爲考試還沒結束。沉住氣，繼續作答並檢查答案。越放心的題目，往往越容易粗心做錯。等仔細檢查完後，才交考卷；等全部考完後，再開始慶祝。

要成爲考場中的小柯南，不是件困難的事。想像柯南和你一同坐在考場中，遇到難解的題目，他會如何應對處理呢？參考這套「柯南式解題術」，平時在學校大小考或模擬考實地演練，將自己化身爲柯南，你也可以像他一樣，出神入化地解答世紀大難題！

延伸招式 **《超高效K書達人》三之三節：補腦又補分的A4紙濃縮筆記**

考試達人武功祕笈

- 要當考場中的柯南，相信「考試的正確答案只有一個」！
- 要積極利用「柯南式解題術」，仔細尋找破題的線索、不輕易放棄、擴大蒐證範圍、冷靜邏輯思考、嚴密推理判斷，讓出題老師輸得心服口服。

願要大、志要堅、氣要柔、心要細。
～戴晨志 知名作家

3-3 到底該猜哪一個答案

——如何找出單選題的答案？

考試前，當然應盡全力K讀要考的科目，不要心存僥倖。
但在考試時，碰到不會的單選題，該直接放棄，還是努力猜猜看？

守門員該猜哪一邊？

足球場上兩隊表現平分秋色時，就要來一場ＰＫ大戰。當攻擊手舉腳射門，守門員究竟要猜左邊，還是猜右邊？

ＰＫ大賽比射門，是射門員與守門員「one on one」的單挑比賽。射門員要發揮爆發力及射門準度，守門員則要展現專注力及攔截力。守門員必須在對方起腳瞬間，立即「猜」出他要射向哪一邊，然後直接往那一邊撲過去。雖然他可能猜錯撲空，但猜對的機率也有百分之五十，有一半成功攔截的機會。

ＰＫ大賽守門員要猜，考試時，碰到不會的題目，你要不要猜？如果老師自己參加考試，碰到不會的題目也一定會猜，因爲猜對了就能得分。不過老師不會胡亂瞎猜，而是以邏輯思考去判斷何者是正確答案。

單選題選項的機率

當你遇到不太會做的單選題時，不妨先想想命題老師在設計答案順序時的心理，再行作答。

● 第一個選項的機率——答案（Ａ）大多藏有陷

阱，希望粗心或急躁的考生趕快跳下去，所以是正確答案的機率比較低。

●最後一個選項的機率——有的考生很聰明，早就練就了從最後面開始看的功力。但命題老師又不希望考生太快找到答案，所以答案在最後一個選項的機率不是最高。

●倒數第二個選項的機率——假如第一個選項常常內含陷阱，命題老師又不希望把答案放在最後面，那麼在四選一的選擇題中，正確答案放在（C）的機會最大；在五選一的選擇題中，正確答案放在（D）的機會最大。

當你知道老師的命題心理，就會比較容易找出答案。即使要猜，也會猜得很有技巧。

該猜（A），還是選（D）？

超高效K書教練團並不是在鼓勵學生亂猜答案，但如果真的不會，也要用旁敲側擊的方式「判斷」出答案，這樣總比「丟橡皮」或「轉鉛筆」命中答案的機率可靠許多！

一般而言，答案出現機率的高低順序是（C）>（D）>（B）>（A）。雖然答案是（C）的機率最高，但並不是建議大家碰到不會的題目一概選（C），而是根據答案出現機率的高低，提供應試者選答案的不同概念與策略。

考試本來就是一場老師與學生之間的鬥智遊戲，命題老師或許也會看這本書，故意反其道而行，多把答案放在（A）也說不定，所以在作答前，要了解每個選項的「機關」何在：

●第一個選項的機關

考生正式上場答題，一定會很緊張，生怕自己做不完。一看完題目敘述，再看到選項（A），覺得很像是標準答案時，就立刻選擇（A）。但如同前文所述，答案（A）是命題老師最常埋陷阱、設機關的地方。老師喜歡在（A）設個小圈套，引誘心急或粗心的學生上鉤，所以建議你不要輕易選擇答案（A）。

●最後一個選項的機關

在四選一時，最後一個選項是（D），五選一時是（E）。有些考生習慣從最後面開始看答案，一見到最後一個選項頗似正確時，就冒然選定，但這可能又會誤入老師的圈套。所以當你直覺想選最後一個選項時，要小心別陷進命題老師的「機關」裡。

●中間選項的機關

魔鬼藏在細節裡，正確答案往往也躲在選項中。位在中間的選項既不是第一個，也不是最後一個，成爲正確答案的機率反而最高，因爲這樣可以讓同學較不容易找到答案，能夠眞正鑑別出學生的程度。故正確答案出現機率最高的位置在四選一的題目中經常是（C），在五選一的題目是（D）。

●第二個選項的機關

（B）並不是選項中的棄嬰，也有機會成爲

正確答案。爲使答案分布較爲平均，有時還是要放些正確答案在（B）。一般而言，（B）多半只是扮演平衡的角色，較不具「攻防戰略」功能，所以（B）常常只是「僞裝」成正確答案，眞正的答案另有其人。

當你了解命題老師設計答案的心理後，會大幅改變你對選擇答案的想法。考試達人絕不是憑「運氣」猜題，而是靠「智慧」猜題！

然而不K書、只猜題，絕對無法拿高分，考前還是應認眞準備考試。但臨場時如果眞的碰到不會的題目，就要冷靜思索答案出現機率的高低，佐以「旁敲側擊」的方法，愼重選擇答案。你不是胡亂瞎猜矇對答案，而是思考過後才「選」對答案！

延伸招式 《超高效K書達人》七之二節：猜透老師的心及考題！

考試達人武功祕笈

- 單選題的（A）選項是陷阱的大本營，但不代表（A）一定不是標準答案。
- 提醒你要選（A）時，務必看清題目及答案，切勿因貪快而失分。
- 選項（B）與（E）並非選擇題的棄嬰，兩者也有可能是正確答案。不過，要小心（B）與（E）往往也暗藏許多機關！

路上走快一點 回家待久一點；讀書專心一點，玩耍盡興一點；
工作抓緊一點，休假放鬆一點。

～劉墉 知名作家

3-4 多選題是用來嚇考生的——如何判斷多選題的答案？

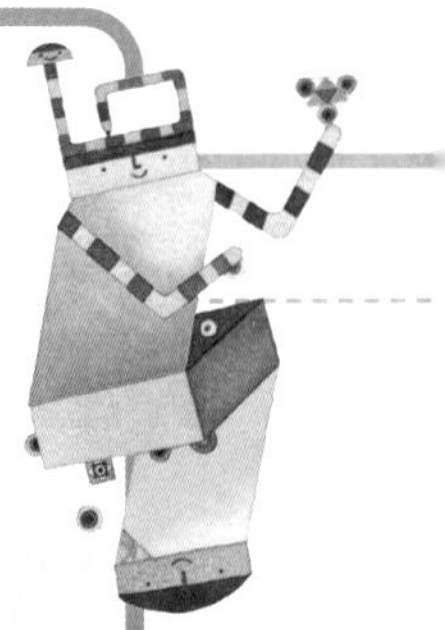

買彩卷要中獎，只能單憑運氣。
不會的多選題要答對，不是靠亂猜，而是要倚賴答題的技術。
光轉鉛筆，絕對不是解題得分的最佳策略！

最怕多選題？

命題老師猶如鬥智遊戲的關主，學生就像是勇敢闖關的挑戰者。爲了能有效鑑別學生的程度，防止答案被學生胡亂猜中，命題老師要設下重重關卡，而多重選擇題（多選題）就是常用的命題方式之一。

許多同學一見到多選題就心生畏懼，或是主動投降。我們不建議亂猜答案，而是建議碰到不會的題目，在風險最小的考量下，審慎選出最可能的答案，以得到最多的分數。

多選題的計分方式

目前多選題雖然沒有答錯倒扣的規定，但在計分上有特殊設計。其計分方式如下：

- 每題有五個選項，其中至少有一個是正確的。
- 各題之選項獨立判定，所有選項均答對，得X分。
- 答錯一個選項，得五分之三X分。
- 答錯兩個選項，得五分之一X分。
- 答錯超過兩個選項或所有選項均未作答，該題以零分計算。

由上述多選題給分規定，我們可以了解：

- 多選題五個選項中，至少有一個是正確的，所以正確答案數最少是一個，最多是五個。假如某題的正確答案眞的只有一個，很可能就是命題老師故意出的陷阱題，千萬別誤以爲多重選擇題的答案一定要多選。
- 整題答對可得X分；部分答對，有部分的分數；答錯太多，得零分。
- 整題留白未答，也沒有任何分數。

多選題答對的機率

假設一道多選題有五個選項（A）、（B）、（C）、（D）、（E），正確答案可能是五個全對，也可能只有一個對。各種可能答案的排列組合是怎樣的呢？

對的答案有五個的排列組合：一種。
對的答案有四個的排列組合：五種。
對的答案有三個的排列組合：十種。
對的答案有二個的排列組合：十種。
對的答案有一個的排列組合：五種。

所有排列組合總共有三十一種，猜對正確排列組合的機率只有三十一分之一，命中率大約百分之三，確實非常低。

但如果能先確定五個選項中，有幾個選項一定

火能驗明真金，逆境能鑑別堅強的人。
～瑪莎・葛蘭姆 現代舞大師

對或一定錯，此時猜對的機率又大不相同。以下爲大家整理多重選擇題的猜對機率：

- 假設五個選項皆沒把握，答對機率僅有三十一分之一。
- 假設已確知一個選項，其餘四個選項沒把握，答對機率是十六分之一。
- 假設已確知兩個選項，其餘三個選項沒把握，答對機率提高至八分之一。
- 假設已確知三個選項，其餘兩個選項不太肯定，答對機率提高至四分之一。
- 假設已確知四個選項，最後一個選項尚有疑慮，答對機率大增至二分之一。

多選題的得分狀況

從上述分析我們可以清楚了解，能確定的選項越多，多選題整題答對的機率就越高。計算一下多選題的得分期望值：

❶ 五個選項都選對——得到X分。

❷ 一個選項不確定——因答對機率爲二分之一，答錯機率也是二分之一，且錯一個選項只能得五分之三X分，所以該題的得分期望值是1/2X＋1/2＊0.6X　0.8X分。

❸ 兩個選項不確定——因答對機率爲四分之一，全數答錯的機率是四分之一，答錯一個選項的機率是二分之一，且錯兩個選項只能得五分之一X分，所以該題的得分期望值是1/4X＋1/2＊0.6X＋1/4＊0.2X＝0.6X分。

❹ 三個選項不確定——有八分之三的機率可以多猜中或選中一個選項。只要多選中一個正確選項，至少可得到五分之一X分。

❺ 四個選項以上不確定——沒把握的選項越多，得分期望值就會越低。但因爲沒有倒扣，

頂多只是該題無法得分。

多選題如何選答案？

由上可知，多重選擇題猜對的機率遠低於單選題，再加上計分方式特殊，所以建議：

❶假設已經確知的選項有四項，只剩一項不太確定，該題一定要作答，因爲不作答就是零分。作答了，即便猜錯，也還有五分之三X分。寧可猜錯獲得五分之三X分，也比零分高！

❷假設已確知的選項有三項，仍應勇於作答此題，因爲不作答，只有得零分。如果作答，即使不幸答錯其餘兩個選項，也還有五分之一X的分數。

❸假設確知的選項只有一項或兩項，甚至完全不會，讀者仍應積極利用本書隨後介紹的解題法找出答案。只要能找出三個正確選項，最少可得該題的五分之一的分數。

超高效K書教練團絕不鼓勵大家碰到不會的題目，直接留白或是亂猜。對於沒把握的多選題，應以邏輯推理方式選答案，而不是單憑運氣猜答案。只要能確定的選項越多，分數也會大爲提高！

考試達人武功祕笈

- 碰到不會的多選題，不必心生畏懼，或是早早放棄。不作答絕對沒有分數！即使全部猜錯，最壞也不過是該題沒得分而已！
- 多選題的最佳作答策略，就是努力增加可確定的選項。五個選項中，只要確定三個選項的對錯，就能獲得最基本的分數！

心一鬆散，萬事不可收拾；心一疏忽，萬事不入耳目。

～《格言聯壁》

3-5 先吃軟，不要先吃硬

如何處理沒有把握的題目？

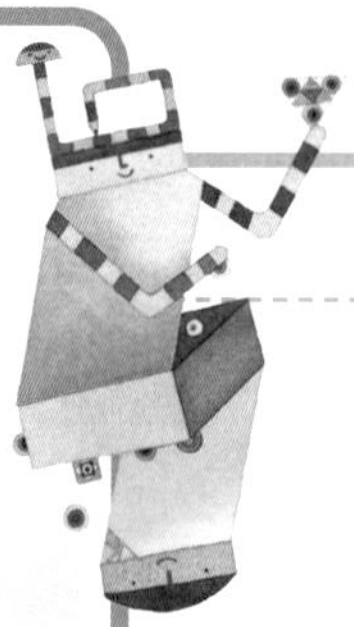

當你在考場中，被不太有把握的題目「卡」住，要如何處理呢？應該先挑軟的吃？還是先挑硬的吃？

為個人前途而考

考完試後，學校發回考卷，小明把考卷拿給爸爸看。

姊姊小芬問：「爸爸有講什麼嗎？」

小明支支吾吾，不太敢回答。

小芬善解人意地說：「這樣好了！你可以把爸爸罵人的部分直接省略。」

小明終於開口回答，「如果省略罵人的話，那爸爸什麼都沒說。」

小芬大笑。

這是網路上的笑話。當然我們念書及考試都是爲了自己，不是爲父母讀書，不過仍應盡力在課業上努力，使成績能讓自己及父母滿意。

升學考試是計算總分，不會因解出某一道超級難題而特別多送你幾分。能解出超難題目，事後可得意地向同學炫耀，但如果爲了解出一道難題而失去很多簡單題目的分數，那就得不償失了！

考試時，如果碰到不太有把握的題目，建議還是先跳過比較好，等到有時間，再回頭處理。

名節目主持人陳樂融當年參加聯考時，也是依循上述原則：先寫會的題目，拿到基本分數後，再寫有五成把握的題目。至於完全不會的，就考慮放棄以爭取時間。

這裡要教大家一些「招式」，可以加快解題速度，又能留下較多時間處理不甚有把握的題目。

1 第一招，看完題目及答案，開始解題後，在試卷的題號前面標註記號。

- 假設能順利解出，確定可得分，該題題號前不做任何記號。
- 假設題目容易，可在送分題題號前畫一個「○」。
- 假使不是太有把握，就在疑惑題題號前畫一個「△」。
- 假設毫無頭緒，就在超級難題的題號前畫一個「？」。
- 這些記號是爲了區別題目的難易度，方便你決定答題及檢查的順序，以求在最短時間內答完最多題目。

2 第二招，一般題及送分題在順利答完後，就直接將答案填入答案卡中。

- 軟柿子要趕快吃進口中。對於不太有把握或完全沒把握的題目，在題號前註記「△」或「？」後，可以先跳過不答。硬柿子留到最後才吃。

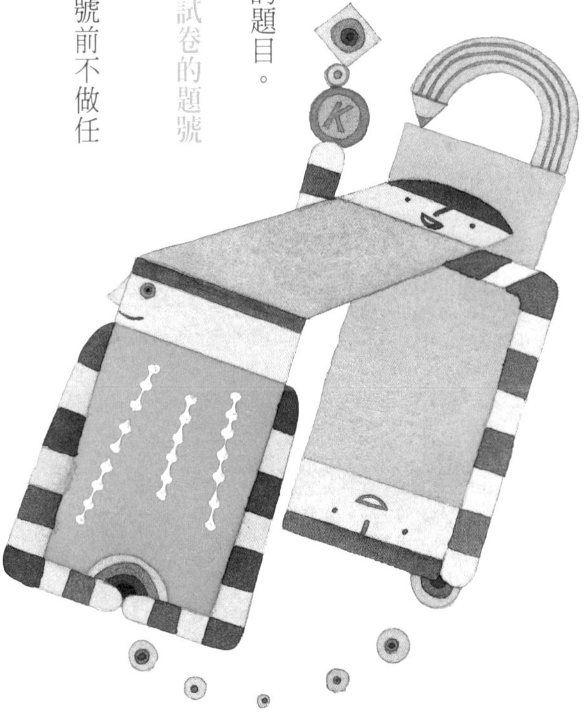

幸運之神只會降臨在有足夠行動力和準備好的人身上。
～吳淡如 知名作家

●爲了防止因跳過某一題而錯填答案卡的空格，不會的題目除了要在試卷題號前做記號，也要在答案卡的題號前標註符號，提醒自己不要填錯。

3 第三招，等解決了所有會做的題目，再回頭處理尚未作答的部分。

●先前已在題號前加註符號，所以要先解畫有「△」的題目。解出答案後，將其填入答案卡中，並記得將答案卡上的符號擦掉。

●等畫有「△」的題目全數解完後，最後再解畫有「？」的最難題目。

4 第四招，如果努力嘗試作答畫有「△」及「？」的題目，卻還是解不出來，必須評估是否要回答這一題。

●如果沒有倒扣，可依先前所述揣測命題老師心理的方法，做出你認爲最佳的選擇。

●如果有倒扣，不論是單選題或複選題，只要會的選項超過總選項的一半，必須積極作答。

●如果有倒扣，不論是單選題或複選題，只要會的選項少於總選項的一半，本題就該直接放棄，不要亂猜，免得被倒扣，反而失去更多分數。

柿子要挑軟的吃，考試也要挑簡單的題目先「吃」，最後才處理困難的題目。拿到送分題的分數後，再解疑惑題，

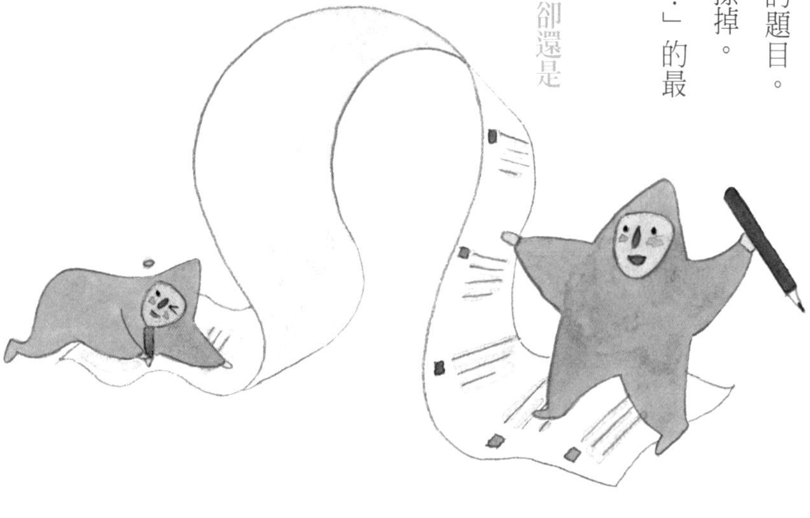

最後再解超難題。不必亟欲挑戰難題來證明自己很棒，而是要在考試成績總分上展現實力。

考場中第一忌諱是輕敵，第二忌諱是畏敵。不要一看到簡單的題目就得意忘形，也不要一看到困難的題目就舉旗投降。我們不應輕敵，也不應畏敵。先吃軟，再吃硬，最後可全盤「通吃」！

延伸招式 《超高效K書達人》五之五節：想書「內化」讓你功力倍增！

考試達人武功祕笈

- 考試達人會先解有把握的題目，拿到基本分數後，再寫有五成把握的題目。至於毫無頭緒的題目，留待最後再做。
- 看完題目及選項，開始作答後，就在試卷的題號前標註記號。一般題不做任何記號；「○」代表送分題；「△」代表疑惑題；「?」代表大難題。
- 答題順序建議為：先寫一般題及送分題，再寫疑惑題，最後做大難題。
- 請記住：軟柿子的題目先「吃」，最後再「吃」硬柿子題。不要逞強先解硬柿子題，你可能會自找苦吃！

我人生一次又一次又一次的失敗，但那正是我為何成功的原因。

～麥可・喬丹 NBA知名球星

3-6 考場中的破案神探
——如何用消去法選出正確答案？

神探李昌鈺博士靠仔細觀察及推理判斷，才能屢破懸案。
考試達人也需靠自己的智慧及邏輯，才能解開考試難題。

邏輯推理選答案

選擇題只要選擇（A）、（B）、（C）、（D），就會有分數。看似簡單，但如果沒選中正確答案，仍是無法讓分數輕鬆落袋。

在思考選擇題的選項時，必須有選擇的技巧與智慧邏輯，絕非純粹靠轉筆猜答案。讓我們用以下實例，示範邏輯思考選答案的武林高招！

有一年學測數學科出現這一道看似難度很高的題目（題目內容如左頁所示），乍看之下，似乎極難判斷何者爲對，因爲每個圖形都很像。但如果學會聰明的邏輯判斷術，就連國中生亦能輕鬆找到答案。

先將答案適當歸類，可分爲下列兩類：

（A）類圖形：選項(1)—四分之三圓的缺口全部在第四象限中。

（B）類圖形：選項(2)、(3)、(4)、(5)—四分之三圓的缺口都在x與y軸上，缺口位置分別在負y軸、正y軸、負x軸及正x軸上。

依據命題老師的出題心理，一般都會將答案藏在不易尋找的選項中。因爲（A）類圖形的選項只有一個，

（B）類圖形的選項有四個，很可能答案就藏在不易猜對的（B）類圖形中，因此可先行刪去選項(1)。

邏輯高手的「消去法」刪除對象是：

- 唯一落單的選項。
- 與其他組群相似度較低的選項。
- 看起來有點古怪、不順眼的選項。
- 看起來像是送分的選項。

依照上述原則，比較（A）類圖形與（B）類圖形，可發現前者明顯與其他不同，又是屬於唯一落單的選項，故選項(1)先被刪除。

右圖陰影部分所示為複數平面上區域

$A=\{z: z=r(\cos\theta+i\sin\theta),\ 0\le r\le 1,\ \frac{3\pi}{4}\le\theta\le\frac{5\pi}{4}\}$

之略圖。令 $D=\{w: w=z^3, z\in A\}$，試問下列選項中之略圖，何者之陰影部分與區域 D 最接近？

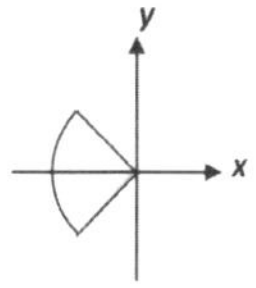

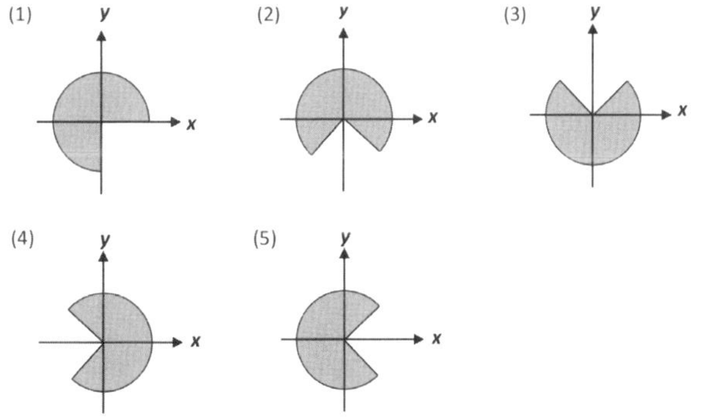

※93年大學學測數學科

找出答案的破綻

接著考慮（B）類圖形中何者為對。（B）類圖形的四分之三圓的缺口各朝向正χ、負χ、正y及負y軸。四分之三圓的缺口四個方向都有，一時之間似乎難以判斷何者是正確答案。

本題看似天衣無縫，但還是被我們發現了破綻！選項(2)、(3)、(4)、(5)的缺口很公平地朝向四個不同軸向，從題意來看，暫時無法判斷本題所問四分之三圓的缺口究竟朝向何方。

既然題目沒有提供更多「破案」方向，只好回頭看選項中是否還有其他線索。選項(1)是剛

人不要害怕做有理想的事，對一件事的理想、熱誠、堅持很重要，不要懷疑。
～陳文茜 知名作家、主持人

才被刪除的答案，是屬於「欺敵型」的選項。但既然身負「欺敵」重任，其圖形一定與標準答案很像。

所以選項⑴中四分之三圓的缺口一定不是亂畫的，應該具有混淆視聽的功能，其缺口方向為正確答案提供了暗示。

選項⑴的缺口在第四象限，與其類似的就只剩選項⑵缺口在負y軸，選項⑸缺口在正x軸，故先把與選項⑴不相似的選項⑶與⑷刪除。

破解題目的最後關鍵

當五個選項已刪去三個，僅留下⑵與⑸兩個選項，此時猜對答案的機率已高達百分之五十，得分機會已經大為提高。而且，你不用轉鉛筆猜答案，因為還有最後一個「破案」絕招！

題目中畫了一個說明圖為四分之一圓，圓弧的方向在負x軸，接著再拿這個說明圖與選項⑵及⑸做比較。

命題老師在設計答案時，有兩個傾向：

- 設計高度類似的答案，讓考生混淆不清。
- 設計高度相反的答案，讓考生難以任意選「邊」站。

說明圖的圓弧方向在負x軸，與選項⑸的缺口在正x軸比較，方向正好相反。接著，再拿說明圖的圓弧方向與選項⑵比較，可發現兩者既不相似，又不相反，所以是正確答

案的機率不高。

經過一系列的邏輯推斷，最後勇敢選擇選項⑸！而結果標準答案眞的是選項⑸。就這樣，利用推斷，輕鬆獲得別人計算許久才能拿到的分數！

上述的邏輯判斷步驟在熟練後，其實只需一、兩分鐘的時間，就可以找到標準答案。其實找答案的過程本來就是一種邏輯推理活動。當你很確定時，可直接選擇答案；當你沒把握時，利用旁敲側擊的方式，也能間接找出答案。邏輯思考的訓練就是解題的關鍵。

在考前，學生當然要腳踏實地，努力搞懂不會的題目。但在應考的當下，如果眞的不會，也不要亂猜答案。循序漸進、抽絲剝繭，就會找到解題線索。說不定你就是考場中的小偵探柯南，或是神探李昌鈺博士。

考試達人武功祕笈

- 考試達人不會矇眼瞎猜，也不靠轉鉛筆亂猜答案。消去法要刪除的對象是：唯一落單的答案、相似度低的答案、古怪不順眼的答案、看起來送分的答案。
- 命題老師可能也會看《超高效考試達人》這本書。所以在刪除上述答案時，也要提防老師以「反命題」心理突襲與埋伏。更重要的是，除了猜題猜答案，平日認真累積實力更是致勝關鍵！
- 正常狀況下，正確選項多藏在高度類似的答案與高度相反的答案之中。

人不害怕沒有機會，只怕自己不去開創機會。
～戴晨志 知名作家

3-7 一陽指神功的威力——如何用代入法快速解題？

考場是高手過招較量的擂臺。誰出手越快，就越容易獲勝。考試不僅比實力，解題的速度也會大大影響分數高低。

代入法解題得分

《射鵰英雄傳》是金庸知名的武俠鉅作。書中敘述宋慶元年間，金人崛起於漠北，蒙古軍又稱雄大漠，中原烽火瀰漫，在動盪不安的時局中，一段武林爭霸與愛恨情愁交纏的故事。

叱吒風雲、位高權重的大理國段皇爺，身懷段氏家傳絕學「一陽指」，被譽爲「南帝」，與東邪、西毒、北丐和中神通並列天下五絕。「一陽指」神功專克西毒的「蛤蟆功」，威震武林，僅以一指點穴，出指可快可慢，快時疾如閃電，緩時徐如微風，但落指之處分毫不差，直取要穴，一中即離，一攻則退。

考生上場考試，如果也能擁有「南帝」段皇爺的「一陽指」神功，不就可以僅靠一指點住考題「要穴」，讓答案乖乖聽話？

其實，解題達人真的也有「一陽指」功夫，一出手即點住考題「要穴」，使考題「動彈不得」，不得不屈服於高手「指」下。

最簡單的招式就是直接將答案代入題目中，看看能否一招即點中題目「要穴」，進而破題得分。

代入法解題示範

「代入法」的招式可以運用在文科或理科的考試中，只要巧妙應用，就可以讓答案乖乖地「現出原形」。

以下舉國文科考古題爲例，示範「代入法」的解題招式：

下列文句「　」中的生活用語，何者說明正確？

（A）開會時有意見就要表達，不可放「馬後砲」——事後的意見

（B）經濟不景氣，加上工作不力，被老闆「炒魷魚」——換職位

（C）老師希望肇事者認錯，大家卻互相「踢皮球」——追逐嬉戲

（D）面對「甕中鱉」不要心急，可以靜觀其變——一道慢燉美食

看完題目後，立刻用代入法解題，將「——」後的答案代入引號中，題目的選項就會變爲：

（A）開會時有意見就要表達，不可放「事後的意見」

（B）經濟不景氣，加上工作不力，被老闆「換職位」

（C）老師希望肇事者認錯，大家卻互相「追逐嬉戲」

（D）面對「一道慢燉美食」不要心急，可以靜觀其變

將答案代入後，立刻發現只有（A）前後文意通順，其他選項前後文意均不相符，故（A）是正確選項，選（A）即得分入袋。

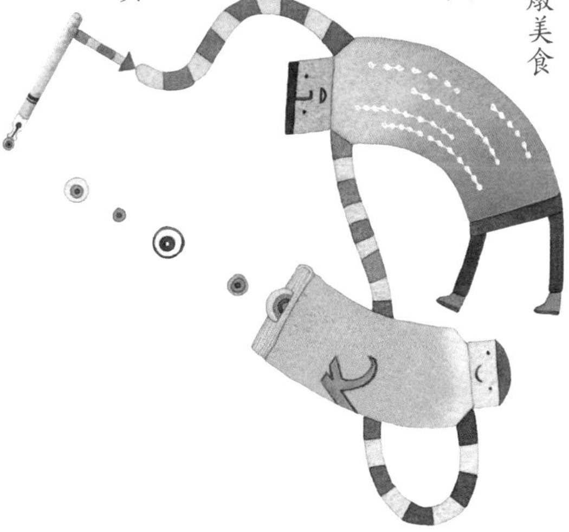

所謂人生，並不是等到你擁有了一切才開始。

～九把刀 知名作家

代入法進階解題

接著再試試考倒許多考生的另一道題目：

度量衡是用來衡量長度、容積、重量的標準。下列詩句「　　」中的字詞，何者不是用來衡量容積的單位？

(A)誰將五「斗」米，擬換北風吹

(B)同歡萬「斛」酒，未足解相思

(C)昨日鴻毛萬「鈞」重，今朝山岳一朝輕

(D)書中自有千「鍾」粟，書中自有黃金屋

本題是問「斗」、「斛」、「鈞」、「鍾」四個字詞，何者不是用來衡量容積的單位詞。如果對這些古代單位不夠熟悉，就不容易選對正確答案。

不過若使出「代入」功夫，便能立刻解得答案。先假設容積單位是「公升」，因此將「公升」代入上述四個古代單位中，題目就變為：

(A)誰將五「公升」米，擬換北風吹

(B)同歡萬「公升」酒，未足解相思

(C)昨日鴻毛萬「公升」重，今朝山岳一朝輕

(D)書中自有千「公升」粟，書中自有黃金屋

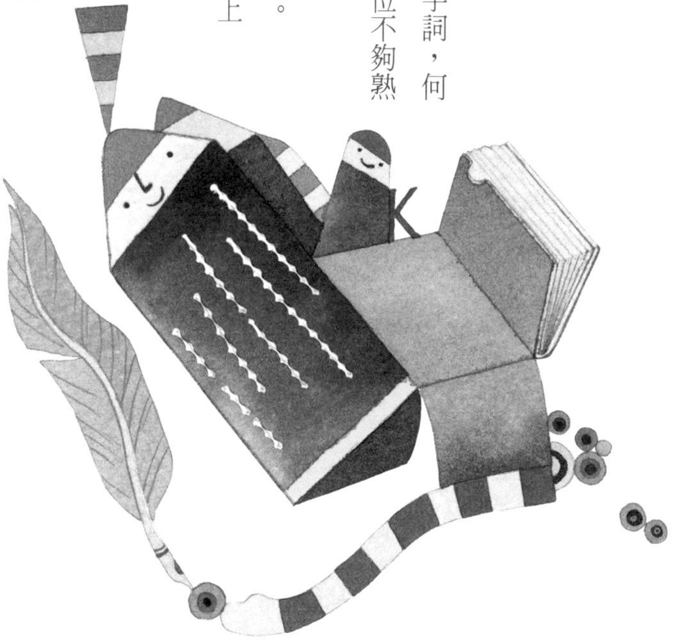

將「公升」代入題目後，立刻發現選項（C）有問題，因爲計算鴻毛的重量不能以「公升」來衡量，故選項（C）即是要選的答案。一個看似複雜的問題，又立刻迎刃而解。

透過前面示範的例題，你一定能感覺到代入法之巧妙了吧？即使對於答案內容不甚了解，但只要明白題意、掌握住題目中暗藏的線索，就能夠解題得分。

其實這兩個例題也突顯出代入法的關鍵——考試時，考生一定要平心靜氣地耐心閱讀考題，才能找出抓到解題的關鍵線索。

例如上一題題目中，本文敘述雖然開宗明義解釋了度量衡的定義，但卻不是該題的重點。這個題目中最重要的關鍵字是「不是」與「容積單位」兩個字詞，目的是要求考生找出「不是容積單位」的字詞。

所以，代入法雖然好用，但如果考生疏忽大意，誤解題意或是沒有注意到關鍵重點字句，反而有可能判斷錯誤。

用代入法及消去法合併解題

除了代入法，前一節所述的「消去法」也是極爲常見的解題技巧。針對單選題或多選題，把不合宜的選項逐一、漸進式地刪除，就是消去法的要旨。

有些題目難度很高、答案很相近，乍看之下無法立即做出判斷，此時可以藉由消去法，一點一點地逐步將不符合題目要求的選項刪掉，最後留下的，就是正確答案了。

代入法與消去法兩種解題訣竅如果能合併使用，對考生來說，可說是如虎添翼。

接著以學測考題，示範合併代入法及消去法來解題的方式：

桃花因顏色鮮豔美麗，故詩人常藉以比喻美麗的女子。下列詩歌中的桃花，不具此喻意的選項是：

(A)一夜清風動扇愁，背時容色入新秋。桃花眼裡汪汪淚，忍到更深枕上流

(B)每坐臺前見玉容，今朝不與昨朝同。良人一夜出門宿，減卻桃花一半紅

(C)淺色桃花亞短牆，不因風送也聞香。凝情盡日君知否，還似紅兒淡薄妝

(D)暮春三月日重三，春水桃花滿禊潭。廣樂逶迤天上下，仙舟搖衍鏡中酣

題目本文敘述桃花可比喻爲女子，要考生找出不是比喻爲女子的選項。因此我們可將「女子」代入各題的「桃花」中，題目就變成：

(A)一夜清風動扇愁，背時容色入新秋。「女子」眼裡汪汪淚，忍到更深枕上流

(B)每坐臺前見玉容，今朝不與昨朝同。良人一夜出門宿，減卻「女子」一半紅

(C)淺色「女子」亞短牆，不因風送也聞香。凝情盡日君知否，還似紅兒淡薄妝

(D)暮春三月日重三，春水「女子」滿禊潭。廣樂逶迤天上下，仙舟搖衍鏡中酣

將「女子」代入本題後，可發現選項(A)及(B)符合女子之意，可用消去法先行刪除。接著閱

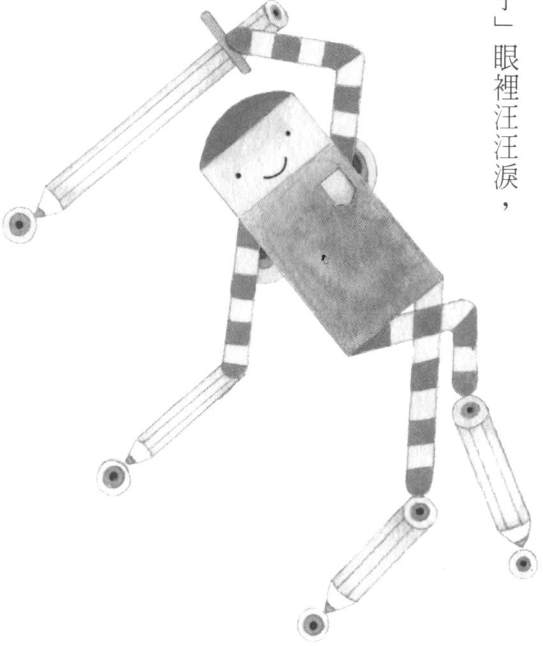

讀選項（C），分析前半句似乎在描寫花朵，但後半句在描述思念郎君的心情，故選項（C）也符合女子之意。最後看選項（D），此處代入女子之意則語意不通，所以答案是選項（D）。

在本節中，爲了便於呈現，超高效K書教練團以國文科考題爲主要範例，但是「代入神功」不僅可用於國文科考題，也同樣適用於其他科目。只要懂得巧妙運用代入方法，即可一招取分，讓再刁鑽的題目，也乖乖臣服於考試高手的腳下！

考試達人武功祕笈

- 當考題問選項中的「○○」是不是「××」時，就是使出「代入神功」的絕佳時機。只要出現類似考題，即可出招代入取分！
- 使用代入法，可將要代入的答案用鉛筆寫在被取代處上方。逐句耐心讀一遍，即可讓正確答案瞬間現出原形！
- 代入法與刪去法合併使用時，功力奇強無比！耐心再加上邏輯推理，就可以輕鬆得分。
- 遇到困難的題目，不要在第一時間就想著「我不會」、「我要放棄」，稍微推敲一下，有時或許可用已知去推導出未知的答案。
- 再厲害的高手，都會有弱點；再難的題目，都會有破綻。針對破綻和弱點進行「攻擊」，就可以克敵致勝。

善日者強，善時者霸。
～《荀子》

3-8 不要傻傻地做無窮排列——如何破解排列組合題？

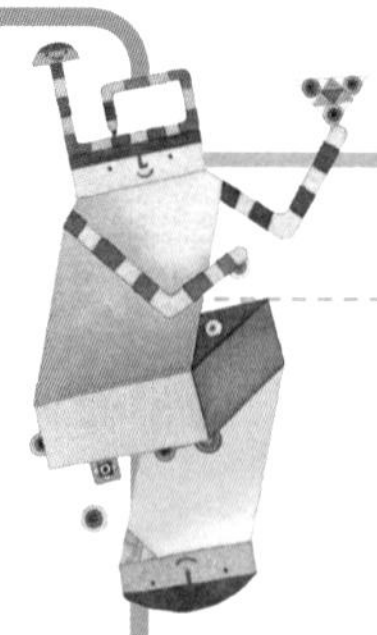

排列組合題的「陣仗」通常很嚇人，
不過，「陣仗」大的題目，未必「殺傷力」也大。
冷靜以對，不要被題目嚇倒，才有擊倒對手的機會。

初階排列組合題的解法

數學科的排列組合題常考倒許多學生。選擇題中也有許多排列組合題，這些題目多半不像數學題目般難解。只要技巧運用得宜，就算是看起來頗難的題目也能迎刃而解。以下示範如何解答國文科會考的排列組合考古題：

依據文意，下列這段文句以哪一種次序排列最爲通順恰當？

甲、但是不正確的方法

乙、會使我們「事半功倍」

丙、正確的學習方法

丁、則會使我們「事倍功半」

(A)甲乙丙丁　(B)丙丁甲乙

(C)甲丁丙乙　(D)丙乙甲丁

讀完各選項後，得知選項甲以「但是」爲該句起頭。一般文章中，「但是」是用來承接上句，代表轉折之意，不會做爲起頭，故選項(A)及(C)被刪除。接著分析選項(B)及(D)。因正確的學習方法，會使我們「事半功倍」，故選項乙緊接著選項丙之後，正

確答案應爲（D）。

碰到此類排列組合題，可從最容易「下手」的選項開始思考，先利用「刪除法」刪去不可能的答案，再從剩餘選項中挑出正確答案，即可讓分數落袋。

進階排列組合題的解法

接著再示範一題難度較高的國文科學測排列組合考古題：

下列是一段武俠小說，依文意選出排列順序最恰當的選項：

原來修練邪派內功的人，功力愈增，危機愈大，到了某一關頭，

甲、成了廢人；

乙、重則斃命；

丙、輕則半身不遂；

丁、便要遭逢「走火入魔」之劫

不過，若能衝破此關，武功便可以有登峰造極的希望。（梁羽生《冰河洗劍錄‧第五十二回》）

(A)丙甲乙丁　(B)丙乙丁甲

(C)丁乙丙甲　(D)丁丙乙甲

題幹中敘述「到了某一關頭」，依四個選項來看，後面要接（丙）「輕則半身不遂」或接（丁）「便要遭逢

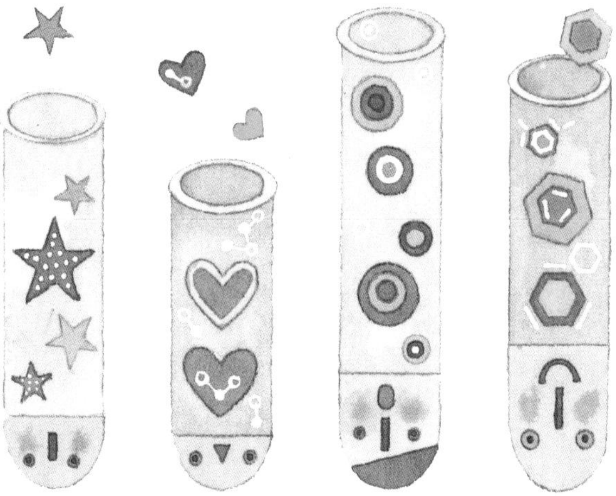

一個人不要成天作夢，你如果沒有能力，作夢也沒有用。
～李家同 知名作家、教育家

走火入魔之劫」。題幹中的「到了」後面應接「便要」較通順，故（丙）不會放在第一句，因此可先刪除選項（A）及（B）。

接著分析選項（C）及（D）。兩個選項中，（甲）「成了廢人」均爲最後一句，而該句前面應接（丙）「輕則半身不遂」，故選項（C）「丁乙丙甲」爲正確答案。

較複雜的排列組合題，應以選項爲提示進行分析，可縮短思考時間。若直接以題幹中的句子進行排列，因可能的組合太多，容易深陷長考而找不到答案。

社會科排列組合題的解法

再來示範一題社會科學測考古題的解法：

某人在雲林縣進行土壤實察，並依實察結果將該縣的土壤特色區分爲三類：

甲、沙泥交錯，多砂質壤土；

乙、泥土少，砂石多，且多粗砂土，土壤乾燥；

丙、土色灰黑，泥土顆粒極細，窪處積水。

這三類特色的土壤，從東到西的分布順序爲何？

（A）甲乙丙　（B）乙甲丙　（C）丙甲乙　（D）丙乙甲

本題題幹說明採樣三種土質，（甲）爲多砂質壤土，（乙）爲粗砂土，（丙）爲細泥土。土壤顆粒爲（乙）最大、（丙）最小，其土壤顆粒大小排列爲：（乙）>（甲）>（丙）。

台灣西部河流上游至下游的方向爲自東向西。因河水重力淘選作用，會使堆積土壤顆粒由大至小、自東向西排列，故選項（B）爲正確答案。

此題狀似排列組合題，但解題關鍵在於了解三種採樣土壤的差異性，根據差異性，即可找出正確的排列順序。

自然科排列組合題的解法

請看自然科學測考古題的解法：

黃同學將五種液體分別置於一至五號試管後，分別進行測試，結果如下：

(1) 以藍色石蕊試紙測試，發現只有五號試管的液體呈現紅色。

(2) 測試液體的揮發性，四號試管的液體最易揮發。

(3) 以手輕搧液體，嗅聞結果，一號試管的液體與家中所使用的去漬油味道相似；二號試管的液體，則有類似水果香味。

(4) 食鹽於三號試管中液體的溶解度最高。

依據上述測試結果，則這五種液體依序爲何？

(A) 丙酮、乙醇、水、乙醚、乙酸

(B) 乙醇、丙酮、乙醚、水、乙酸

(C) 己烷、乙酸乙酯、水、乙醚、乙酸

(D) 己烷、乙酸乙酯、水、乙酸、乙醚

耐心和恆心總會得到報酬的。

～愛因斯坦 諾貝爾物理學獎得主

(E)己烷、丙酮、水、乙醚、乙酸乙酯

乍看本題題目，可能會覺得非常複雜。因爲題中列出五種液體，分別進行四項實驗，如果將五種液體加以組合，可能的排列方式會非常多。爲了快速解題，我們先細讀實驗內容，再逐步篩選答案。

由實驗(1)可知五號試管的液體爲酸性，因乙醚與乙酸乙酯非酸性，故可先刪除選項(D)及(E)。

由實驗(2)可知四號試管的液體最易揮發。比較剩餘的選項(A)、(B)、(C)，乙醚比水容易揮發，故進一步刪除選項(B)。

由實驗(3)可知二號試管的液體具有水果香味。因乙醇不具有果香，故選項(A)被刪除。正確答案即是選項(C)。

你毋須害怕排列組合題，也不要沒有先看答案，就直接埋頭苦列所有的排列組合。以選項爲提示來找答案，可「直搗龍門」，快速得分！

考試達人武功祕笈

- 不同的考試科目中，都可能會出現排列組合型的考題。毋須懼怕此類型的問題，只要用耐心加上推理，就可輕鬆找到答案！
- 看到狀似困難的題目，可以從題幹或選項中尋找解題的線索。只要認真推敲，往往答案就寫在考卷上。
- 對於排列組合題，千萬不要像解數學題目一般，把所有可能的情況一一排列出來，這樣往往會浪費太多時間，也難以選擇。
- 針對排列組合題，可從最容易「下手」的選項開始思考。利用「消去法」刪除不可能的答案後，再從剩餘選項中挑選出正確答案。
- 以國文科考試中常見的文句次序排列來看，經常是打亂原文的文句，讓考生再次重組。想要拼組通順的文句，除了掌握題意、用詞銜接之外，注意撰寫文章時，先「輕」後「重」、先「揚」後「抑」、先「正確」後「錯誤」的文意對比呈現，即能抓住選項的前後排列次序。
- 碰到排列組合題，要先看選項安排。從選項中找出答案，才是解題高招！

成功常常不是取決於起始點，成功常常取決於轉折點上。

～黑幼龍 卡內基訓練大中華地區負責人

第一次 第二次 第三次

- [ ] [ ] [ ] 遇到不會的考題，不會輕易放棄。
- [ ] [ ] [ ] 針對難題，會以「柯南式」的解題術，仔細搜尋破解線索。
- [ ] [ ] [ ] 了解命題老師習慣設的陷阱，不會太早就選擇選項（A）。
- [ ] [ ] [ ] 不會太害怕多選題，會冷靜應付。
- [ ] [ ] [ ] 對於粗心做錯的題目，會加以檢討，避免往後重蹈覆轍。
- [ ] [ ] [ ] 先寫有把握的題目，拿到基本分數後，再寫有五成把握的題目。不會鑽牛角尖，把時間一直耗在難解的題目上。
- [ ] [ ] [ ] 對於看起來毫無頭緒的題目，會留待最後再花時間作答。
- [ ] [ ] [ ] 會養成習慣在試題題號前標註記號，以便自己最後做檢查。
- [ ] [ ] [ ] 善用刪除法，先刪去不可能的選項，再仔細思考可能的答案。
- [ ] [ ] [ ] 會善用代入法，將答案代入題目中，以縮短解題時間。

考試達人

挑戰擂臺第三關

請在不同顏色框框（□）中，依自己目前狀況檢驗考試學習的成果。對於已經達成的事項，請打勾（✓）；對於偶而可以達成的事項，請打三角（△）；對於經常無法達成的事項，請打叉（✕）。

◎ 第一次挑戰——
請填在第一排**藍色框框**中，並請填上今天的日期。

◎ 第二次挑戰——
請於一個月後再次檢驗，請填在第二排**黃色框框**中。

◎ 第三次挑戰——
請於三個月後再檢驗一次，請填在第三排**紅色框框**中。

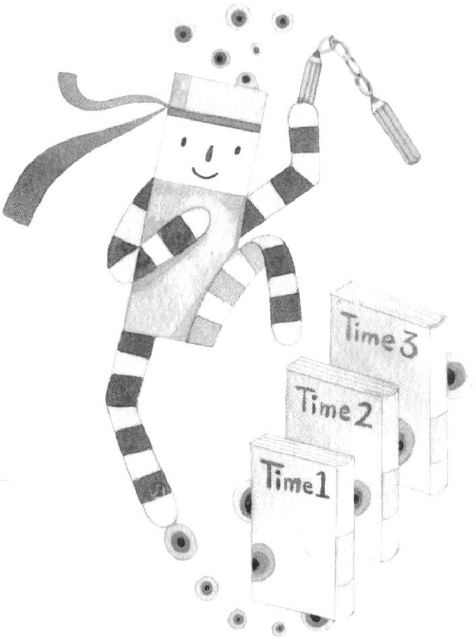

當你的框框中勾勾（✓）數越多時，代表你已逐漸向考試達人邁進；當你的框框中全部填滿勾勾（✓）時，代表已經挑戰成功！

第一次 第二次 第三次

第一次挑戰日期	年	月	日	時
第二次挑戰日期	年	月	日	時
第三次挑戰日期	年	月	日	時

□□□ 事先了解考場絕不可犯的「十二大錯誤」，並反覆提醒自己注意。

□□□ 考試一定要帶准考證。考卷上絕對不能寫自己的名字。

Chap 4 國文及英文作文達人

4-1 作文分數決定在題材——**如何獲得國文的作文高分？**

4-2 「歪腰郵筒」的作文題——**如何寫時事題的國文作文？**

4-3 作文的笑話大全——**如何避免國文作文的失分？**

4-4 先以中文想大綱——**英文作文如何拿高分？**

4-5 抓住考古題型的作文——**如何看漫畫賺英文作文分數？**

考試達人加油站

「理想成真」的魔法寶物

❶ 請填上自己最想考上的前五大志願學校及科系。
❷ 請分析各學校與科系上榜所需的最低分數。
❸ 繼續分析為順利進入各志願學校，班上排名及全校排名需排至幾名以內。

	志願學校與科系	上榜所需的分數	班上排名需排至第幾名以內	全校排名需排至第幾名以內
第一志願				
第二志願				
第三志願				
第四志願				
第五志願				

❶ 請在每次大考後，填上自己本次考試的總分及名次，並分析在升學考試中，大概可考上的學校及科系。
❷ 請分析目前成績與目標志願學校上榜分數的差距。
❸ 請盡全力在下次考試中拉近與目標志願學校分數的差距！

考試次數	考試名稱	考試日期	總分	名次	目前成績可上榜的學校與科系	離目標志願尚差幾分
1						
2						
3						
4						
5						
6						
7						
8						

※ 只要與目標志願上榜分數的差距越來越少，成功的機會就在眼前！

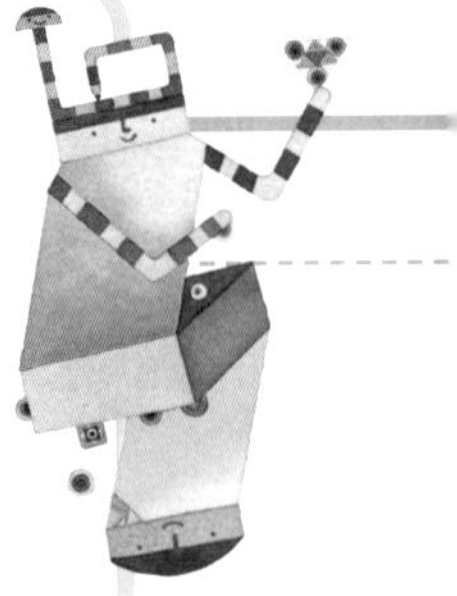

4-1 作文分數決定在題材
——如何獲得國文的作文高分？

國文科的作文不僅比文筆，更要比創意。
文章要引人入勝，不能老調重彈，或是虛情假意。
不要輕易挑戰閱卷老師的智慧！

好作文的要點

不論是升大學的學測及指考，或是升高中的國中會考，作文的佔分比重都相當高，尤其是國中會考將作文列爲單獨考科，國文作文得分的高低會大幅影響個人的升學志願。

在大學學測及指考的國文科中，作文是歸類於非選擇題答題區，而國中會考的作文則是獨立爲一科。命題老師通常會給予一段文字敘述做爲寫作引導，讓考生再加以自由發揮。近年來的作文題目包括「我看歪腰郵筒」、「來不及」、「面對未來，我應該具備的能力」、「自勝者強」、「人間愉快」、「通關密語」、「獨享」等等。

作文想拿高分，除了在寫作時注意文筆的流暢、結構的完整外，更重要的是下筆前必須慎選寫作的題材。即使洋洋灑灑寫滿整張考卷，但是文不對題或味如嚼蠟，縱使用字優美、詞藻華麗，也無法帶來滿意的分數。

寫作文如同煮一道大菜一般，菜要煮得好吃，必須要有新鮮美味的食材、巧妙的烹調技術及賞心悅目的

擺盤。作文要寫出高分，也必須具備豐富的題材、流暢的文字及合宜的架構。要寫出一篇可以拿高分的作文，應當注意的重點有：

❶ 動筆前，慎選寫作的題材。

❷ 下筆後，注意文筆的流暢。

❸ 行文中，安排緊湊的架構。

作文講求的是言之有物，充實的內容比華麗的辭藻更重要！

題材不重複

有一年國中會考國文科作文題目為「捨不得」，題目看似簡單，大部分考生應該都不至於會錯題意或是文不對題，結果許多考生寫的內容都著重在於「捨不得過世的阿公或阿嬤」。

一位負責閱卷的老師就產生質疑。目前國民平均年齡已高達八十餘歲，一般考生年僅十五歲，怎麼會有那麼多考生的阿公或阿嬤已經往生了呢？

倘若這些阿公或阿嬤還在世，知道自己的孫子或孫女這樣寫，豈不是會氣得七竅生煙？

或許這些同學的阿公或阿嬤真的已經往生，也確實捨不得親人的辭世，但從想獲得作文高分的角度來看，這樣的作文取材未必合適。

別人嘲笑是你的驕傲，證明你跟他們不一樣。
～王震緒（東山彰良） 台灣旅日知名作家

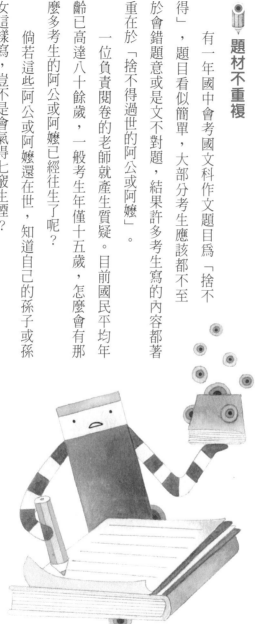

試想一位閱卷老師在闈場中要看好幾百份作文卷，如果千篇一律都是看到「過世的阿公或阿嬤」的文章，想必心情沉重，而且因重複性過高，也不容易給這類文章打高分。

要讓自己的作文拿高分，題材的新穎性及獨特性是相當重要的。盡量讓自己的作文卷在數萬人的考試中突顯出來，就是獲得作文高分的祕訣。你選的題材必須容易「引人入勝」，但也不能太「稀奇古怪」，仍應具備適當的邏輯性。太別出心裁的，或許可以「出奇」，但不一定能「致勝」。如果描寫捨不得一枝遺失的鉛筆或一碗沒吃完的拉麵，閱卷老師不一定會認同你的看法。

作文的評分標準

大學學測及指考國文科作文的評分，一般依內容分成A、B、C三大等級，各等級再細分為「A+、A、A-」、「B+、B、B-」及「C+、C、C-」共九級。評分標準為：「題旨發揮」佔四〇%，「資料掌握」佔二〇%，「結構安排」佔二〇%，「字句運用」佔二〇%。

從配分可以了解，「題旨發揮」這一項佔分比重最高。

那麼要如何在「題旨發揮」這一項獲得高分呢？基本上要掌握題幹，內容充實，情感真摯，並富有創意。若是寫成「鱷魚眼淚」假慈悲式的文章，或是寫些八股老掉牙的題材，都很難獲得好成績。

國中會考作文分爲六級分，級分的高低也是決定能否進入名校的重要關鍵。想要獲得五級或六級分，必須特別重視作文立意。此外，文章取材是否引人入勝也是強調重點，可讓閱卷老師「眼睛爲之一亮」的文章內容是得高分的必要條件。

例如有一位考生寫以「捨不得」爲題的作文，描述自己遺失心愛的手機，原本相當難過，但在閱讀《莊子．逍遙遊》後，助他化解了心中難解的結，進而悟出「捨得」的道理。這生動的內容讓閱卷老師留下深刻的印象，也因此獲得高分。

建議你在下筆寫作文之前，先在考卷空白處，寫下兩、三個可能的發揮方向，再從閱卷老師的角度選出最可能獲得高分的題材。然後列出各段大綱，有條有理地敘述自己的看法及論述。

「起承轉合」是一篇好文章的必要條件。合理完整的架構與別出心裁的內容，會爲你帶來作文的高分！

考試達人武功祕笈

- 可拿高分的作文必是饒富創意，又與眾不同。避免老調重彈，但是也不能太離譜，讓閱卷老師無法接受。
- 食材運用得宜，料理就會美味誘人！作文也是如此！即使是平凡無奇的素材，作文達人也會加以巧妙構思，經過匠心獨具的搭配與組合後，成為一篇言之有物的佳作。

我堅信，區分成功與不成功，一半的因素純粹在於毅力差別。

～史帝夫．賈伯斯 蘋果電腦創辦人

4-2 「歪腰郵筒」的作文題——如何寫時事題的國文作文？

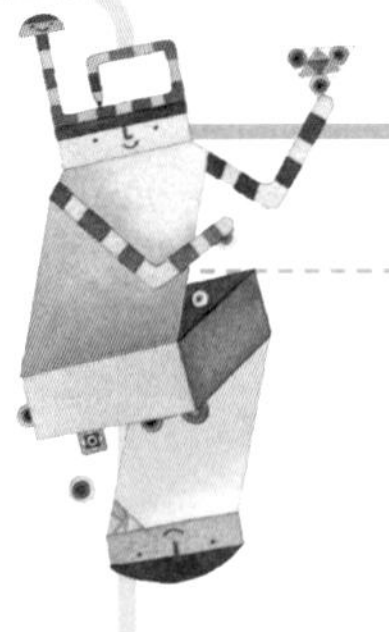

被颱風吹歪的郵筒，竟成了大考作文題目。
下次如果換成以彎腰電線桿為題，你該如何下筆為文？

風災新聞事件

國文科作文題目千變萬化，時事題也是命題類型之一。當颱風相關的新聞事件被用來做爲作文題目時，考生該如何因應呢？

二○一五年夏天，蘇迪勒颱風肆虐，造成全台灣嚴重災情，連台北市也深受其害，強風不但吹倒了五千多棵路樹，甚至連原本應該非常堅固的郵局郵筒也被掉落的招牌砸歪，成了「歪腰」郵筒。歪腰郵筒的萌樣登上了電視新聞報導，吸引眾多民眾前往拍照留念，人潮絡繹不絕，成了著名的觀光打卡景點。

豈料這個風災造成的小插曲，並沒有隨著颱風遠離而被人淡忘，竟然出現在大學學測的國文作文題中！

「我看歪腰郵筒」的國文作文題

學測的國文作文題目如下：

一○四年八月八日，蘇迪勒颱風來襲，台北市龍江路有兩個郵筒遭強風吹落的招牌砸歪，因而被戲稱爲「歪腰郵筒」。由於歪腰郵筒姿勢可愛，民眾紛紛到該地拍照，而「受災」郵筒意外產生療癒功效。此一新聞

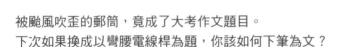

甚至引起外國媒體注意。美、日皆對台灣人民在天災及苦悶的生活中所展現的幽默感印象深刻。稍後，中華郵政更推出特製郵戳及「人生嘛，歪腰也無妨」等一系列主題式明信片，頗受歡迎。

請就上述新聞事件，以「我看歪腰郵筒」爲題，寫一篇完整的文章，陳述你的看法、感想、或評論，內容須切合「歪腰郵筒」所引發的現象或迴響，文長不限。

這個題目看來應該很容易發揮，沒想到竟有兩千多名考生拿到零分，創下近五年考零分人數的新高紀錄，也讓許多事後得知分數的考生大吃一驚。

爲何這麼多考生得分不理想呢？閱卷老師的感慨透露出箇中原委：

●未緊扣題幹——有的考生整篇寫來文字通順，內容豐富，段落分明。但從頭到尾看完，竟絲毫找不到與歪腰郵筒的關連性，如此文章必得低分。

●內容牽扯過遠——有的考生聯想力過於豐富，竟然牽扯到歪腰郵筒「像看秦檜雕像一樣地睥睨他」。離題過遠、荒腔走板的論述，必遭嚴重扣分。

●內容陳腔濫調——有的考生寫作文，習慣一定要敘述名人事蹟，連歪腰郵筒也能使其聯想到蘇東坡遭到貶謫仍能勇往直前。因內容過於陳腔濫調，故無法得到高分。

●文章亂套佳句——有的考生喜歡引用古人名言，竟以「松柏後凋於歲寒，雞鳴不已於風雨」來比喻歪腰郵筒。如此引喻失當，自然會被嚴重扣分。

千山萬水，擋不住想飛的翅膀，做就對了！
～朱宗慶 朱宗慶打擊樂團創辦人

●錯別字太多——因電腦普及化，考生實際動筆書寫的機會越來越少，導致許多國字不會寫，或是錯別字過多，如此也會被扣分。

時事題國文作文的破解法

想要在國文作文上拿高分，除了避免上述問題外，還要進一步思考如何破解「時事題」類型的作文：

❶不要害怕或過於興奮——

有的考生可能沒聽過歪腰郵筒的新聞，一見到題目就心生恐懼；有的考生可能親自去過歪腰郵筒拍照留念，一看到題目就暗自竊喜、興奮莫名。其實這兩種反應都不必要。未曾注意相關新聞的同學，只要詳讀題幹敘述，即可抓住題意，而熟知此新聞的同學也不必高興過早，要冷靜作答，才會有高分。

❷文章要長短合宜——

「引導寫作」的作文佔二十七分，雖然文章長度不限，但如果篇幅太短，一定無法拿到好成績；倘若篇幅過長，可能無法在時間內寫完，或是架構過於鬆散，也會影響得分。

一般非選擇題的「作文分析」佔十八分，要求書寫的篇幅在兩百五十字至三百字之間，約十二至十四行。按照分數比例來換算，「引導寫作」佔二十七分，故應寫三百七十五字至

四百五十百字，相當於十八至二十一行。這般長度的作文較易獲得閱卷老師的青睞。

❸ 作文要言之有物——

作文不是要比較文字的堆砌能力，而是在測驗考生的思考與立論功力。像「我看歪腰郵筒」之類的考題，閱卷老師建議可從正面角度書寫，敘述郵筒的療癒情緒效果，談論民眾面對災難的適應力，再提及民眾的幽默感。或者也可以從反面角度書寫，敘述拍照民眾的一窩蜂現象，探討是否需耗費大量社會資源報導等問題。

時事的討論必是見仁見智，沒有絕對的對與錯，因此無論是贊成或是反對保存歪腰郵筒，只要不過度極端，都不會影響到作文分數。最重要的前提是必須言之有物，而非胡亂套用古人故事或名言佳句。

只要懂得掌握下筆爲文的訣竅，碰到時事類的作文命題，高分也可以手到擒來！

考試達人武功祕笈

- 時事題的作文，切忌文章亂套招，或亂引用古訓佳句或名人故事。不合宜的引用或比喻，會被嚴重扣分。
- 作文最重要的是言之有物，要有邏輯架構，將個人的思想有系統地呈現出來。只要言之有理，就會順理成章！

將你的計畫寫下，在你完成的那一刻，你確定已給無形的欲望擁有具體的形狀。
～拿破崙·希爾 成功學之父

4-3 作文的笑話大全
——如何避免國文作文的失分？

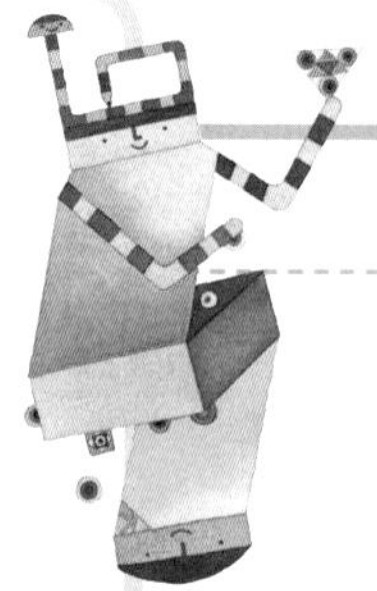

「體諒別人的辛勞」是一種美德，
但是亂寫「別人的辛勞」，不管對方是誰，都不會感激你。

天兵考生們的傑作

國文科考題中，常有選擇文意不正確的題目。作答選擇題時，要挑出錯誤的選項很簡單；但當自己動筆寫作文時，說不定就會出現文意上的謬誤。

有一年大考作文題目是「體諒別人的辛勞」，這個題目相當容易發揮，照理來說，一般考生應能拿到不錯的分數。不過，考完之後，發現一些「天兵天將」，寫出以下令人捧腹大笑的句子：

- 爸爸要養家「虎」口

——難道爸爸是在馬戲團裡的「虎口」中工作掙錢？

- 我家境小康，爸媽很辛苦，我要照顧他們的「下半身」。

——爸媽的「下半身」發生什麼事了？

- 天下沒有「白癡」的午餐。

——午餐與智商有關嗎？

- 「廢盡」千辛萬苦，我的「負出」沒有「回抱」。

——辛苦爲什麼要「廢盡」？「負出」要如何「回抱」？

- 最辛苦的人是「藝工」媽媽。

——媽媽是在藝工隊工作嗎？

- 我要用盡「心機」，及用「花言巧語」報答爸媽。

——心機未免也太深了吧！

- 親友做錯事情，我會用「慈悲心」糾正他。

——未免也太慈悲了吧！

另一年的作文題目是「樹」。這類題目可從許多不同角度自由發揮，盡情抒發自己的感想，不料又有不少考生「製造」出許多「傑作」。

- 我們家後院有一棵百年大樹，它忍受了千年的風霜。

——「百」年大樹還沒活到可以忍「千」年風霜，算數邏輯不太對喔！

- 我們由一株小草，經過雨水的滋潤，陽光的照射，長成今日的大樹。

——生物學沒讀好，草本植物長再大都成不了大樹。

- 我常常爬到蕃茄樹上躲迷藏！

——這棵蕃茄樹大概是外太空移植來的新品種，未免太高大了吧！

- 阿公講古講得精彩，連蚊子都靜靜站在手臂上聽。

——那隻蚊子不是「機械蚊」，就是在玩「一、二、三，木頭人」。

- 我愛樹，從小就喜歡種樹。

走人間罕見的路，去尋找新的風景。
～王俠軍 琉璃工坊創辦人

——太過誇張，他要不是住在森林裡，就是說謊不打草稿！

- 我愛樹，愛樹的正直不阿，愛樹的默默行善，愛樹的堅忍不拔。

——這棵偉大的樹可以獲頒許多個好人好事的大獎牌！

還有一些考生喜歡在文末以「朋友，讓我們一起來種樹吧」的語氣做結尾，但表現出來的感覺有點老氣橫秋，何況，這篇作文的閱讀者是閱卷老師，並不是我們的朋友。

另外，有很多閱卷老師都發現共通的怪事：大多數人的樹都種在外公家，家中庭院裡都有一株老榕樹，考生們還會不約而同地常常爬到樹上……但從敘述中就感覺得出來，這種多半是過度的想像或虛假的安排。

如何避免作文的錯誤？

前面舉例的衆多「佳作」或「名言」，都讓閱卷老師讀來哭笑不得，也都與國文作文高分絕緣。我們應引以爲戒，避免讓自己的作文也變成引人發噱的笑話。

寫作文時應該留意：

- 不要寫錯字或寫白字。
- 不要亂用成語。
- 不要犯邏輯上的錯誤。
- 不要寫出自己也不太懂的話。

- 不要將政治語言放入文章。
- 不要過分誇大描述。
- 不要瞎掰出太離譜的故事。
- 不要以小說體或過度口語的文字寫考試作文。
- 不要編出老掉牙及容易與別人雷同的故事。

國文作文其實不難。只要將自己的思緒經過有系統的整理，用別人容易理解的方式，以文字清楚表達出來就好。

國文作文想拿高分，就是要多看、多寫、多改。前兩「多」靠自己，後一「多」靠老師。寫完的文章多請老師審閱，修改文字邏輯的錯誤，就能逐漸掌握爲文的技巧，寫出高分的作文。

考試時，若有不會寫的國字，或有不太確定的成語，建議最好不要用這些字詞或成語。任誰都不希望自己的作文被列入當年考後的「笑話大全」吧？

考試達人武功祕笈

- 寫國文作文時，避免使用不會寫的字或是不太確定的成語，多寫多扣分。
- 對於國文作文，少犯邏輯上的錯誤，少寫自己不懂的話，少做誇大的描述，少編不實的情節，自然會寫出獲得高分的文章。

站在高處時，就必須提醒自己——要謹守腳步，不能一滑溜，就跌到谷底。
～戴晨志 知名作家

4-4 先以中文想大綱——英文作文如何拿高分？

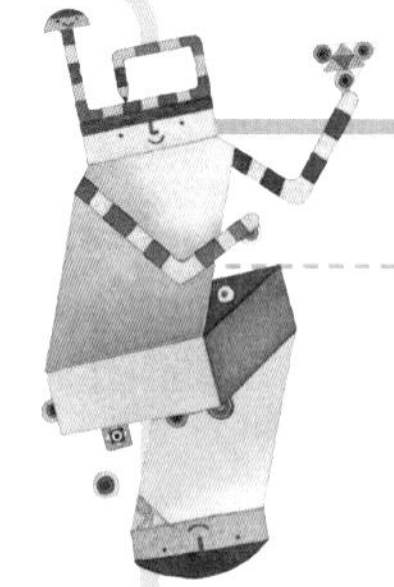

考生不要怕英文作文，也不能放棄英文作文。
作文是學習語言的活用。
英文作文寫得好，就可成為英文科的大補丸。

英文作文的題目類型

英文是多數人最早接觸的外國語言，卻也是讓許多學生頭痛的科目。尤其是非選擇題中的英文作文，更是令人傷透腦筋。

然而，面對讓人避之唯恐不及的英文作文，考生只要在考前先行分析歷屆題目，了解過去的命題趨勢，預先做好準備，還是可以從容應戰、智取得分。

英文作文題型一般分爲文字型、漫畫型、信件型及圖形型。

文字型題目會先提供一段文字敘述，要求考生以一百二十字左右作答。漫畫型題目要求考生依漫畫情節，自述故事可能發展再行作答。信件型題目先設定某種情境，讓考生寫信給某一特定對象。圖形型題目則要求考生閱讀一張圖表後，就圖表內容作文回答。

來看看英文學測作文出過的考古題題目：

請以運動爲主題，寫一篇至少一二〇個單詞的文章，說明你最常從事的運動是什麼。文分兩段，第一段描述這項運動如何進行（如地點、活動方式、及可能需

要的相關用品等），第二段說明你從事這項運動的原因及這項運動對你生活的影響。

你認爲畢業典禮應該是個溫馨感人、活潑熱鬧、或是嚴肅傷感的場景？請寫一篇英文作文說明你對畢業典禮的看法，第一段寫出畢業典禮對你而言意義是什麼，第二段說明要如何安排或進行活動才能呈現出這個意義。

針對上述題目，若用中文寫作的話，相信多數考生都能洋洋灑灑寫一大篇，但英文科作文只需寫一百二十字個字而已。

其實分析過去歷屆學測及指考的英文作文題目，會赫然發現好像大部分都與「我」有關。曾經出現過的題目包括「我最常做的運動」、「我對畢業典禮的看法」、「我的同學趣事」、「我的珍貴之物」、「我學習英文的困難」、「我最喜歡的僻靜處所」和「我最難忘的考試」等等。這些題目對考生而言，比較容易發揮，也比較容易在考前猜題。

英文作文的準備

爲了在作文項目拿高分，可參考坊間的英文作文範本。從中挑選一本你比較喜歡的，學習裡面的範文，或是記住裡面的佳句，讓這些範文及佳句深入腦海，在考試時可供你自由排列組合，配合考題自行發揮。

選擇範文時，建議配合考題趨勢，先從與「我」有

無目的讀書是散步而不是學習。
～胡適 中國文學家，前中央研究院院長

關的文章開始模仿。將範文中的主角替換成自己，再改寫成符合自身狀況的故事及文章。這些改寫好的文章要妥善收藏，考前再拿出來重溫記憶。每篇文章就猶如一塊模組，在考試作答時，即可將已經成型的模組重新排列組合，根據題意拼組成適當的文章。

作文的練習

英文作文無法臨時抱佛腳，絕對要靠平常多練習。爲英文作文做準備時，有一些「撇步」可供大家參考：

- 多參考範例文章，多做練習。寫好了，請老師修改並訂正缺點。
- 考前硬記住十篇最可能出題的英文作文，當作英文寫作的「模組」。
- 英文作文每段的第一句是該段重點，每句的第一個字盡量放關鍵字詞。
- 盡可能多記、多背英文佳句及成語。
- 平日養成注意時態、字母大小寫、標點符號的習慣。
- 避免寫太長或沒把握的句子。不要自己發明句型。
- 有空的時候，用英文寫週記或日記。

如能做到上述幾點，假以時日，你的英文作文功力一定會與日俱增。

考場上的英文作文

上了考場，拿到英文試卷，該如何著手寫英文作文呢？建議可採取以下的步驟：

1 第一步，先以中文構思——看到英文作文題目，不急著立刻動手書寫，應先在考卷空白處，以中文構思要寫的內容。

2 第二步，列出分段內容——將要寫的內容分成兩段或三段，以中文寫出各段大綱，並寫出每一段要講的第一句話。

3 第三步，英文寫作——全部構思完成後，再用英文撰寫。

4 第四步，避免錯誤與完稿檢查——書寫時，盡量避免錯誤，減少塗改的痕跡。如果對某些句型或單字沒有把握，就改用其他類似句型及單字代替。寫完後，務必詳細檢查有無文法錯誤。

看到英文作文題目，先將所想內容「中文化」，以中文構思完整文章架構後，再翻譯成英文，這樣就能寫出一篇言之有物的文章，也可以得到不錯的分數。

平時勤加練習動筆寫作，充實字彙並加強文法，英文作文也可以輕鬆拿高分！

考試達人武功祕笈

- 考前要多背英文作文範本。至少背十篇，做為考場上的作文「模組」，可供你自由排列組合成屬於你的作文。
- 英文作文靠練習。寫完後，請師長修改，更正文法及修辭的錯誤。
- 撰寫英文作文時，先以中文構思大綱，再以英文寫出內容，確保文意通順。

最困苦的時候，沒有時間去流淚；最危急的情況，沒有時間去遲疑。

～劉墉 知名作家

4-5 抓住考古題型的作文——如何看漫畫賺英文作文分數？

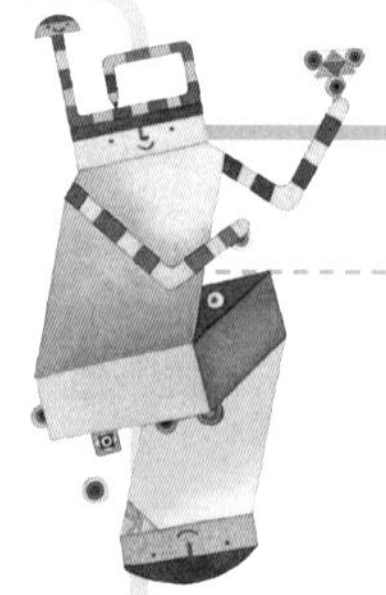

平時看漫畫是消遣，考試看漫畫則要追求得分。
考題漫畫內容每屆不同，但是考題類型都一樣。
抓住考古題型，就會為你賺進分數。

常見的漫畫式作文題

在《超高效K書達人》一書中，曾提及讀書需掌握「八十／二十法則」的精神，所謂「八十／二十法則」就是百分之八十的分數，會集中於百分之二十的教材，也集中於百分之二十的題目，所以在考前抓住考試重點的最好方法，就是多看考古題。

因此當某些英文作文題型反覆在考試中出現，成爲得分關鍵，就值得考生留意。其中出現頻率相當高的就是漫畫題。

了解考古題具有強大威力的同學們，等於在考試時佔了大便宜，因爲英語作文分數高達二十分。多「進帳」這一題的分數，可選擇的志願即能跳升好幾級。

來看看英文學測的「連環漫畫」作文考古題，連環漫畫如左頁上方所示：

一、依提示在「答案卷」上寫一篇英文作文。

二、文長至少一二〇個單詞（words）。

提示：請仔細觀察以下三幅連環圖片的內容，並想像第四幅圖片可能的發展，寫一篇涵蓋所有連環圖

片內容且有完整結局的故事。

漫畫式作文的解題步驟

根據前面的題目提示，我們整理一下，本題的要求是：

- 依提示寫一篇作文。
- 全文大約一百二十個字左右。
- 要仔細觀察前三幅連環圖片的內容，再聯想第四幅圖片可能的發展。
- 要完成一篇涵蓋所有連環圖片內容的作文，並有完整結局。

這顯然是一道自由聯想的創意題，沒有標準答案，只要故事「編」得好，自然可以得到高分。依照題意，我們就見招拆招，逐步思考如何破解。解題的步驟依序如下：

1 第一步，計算各圖所需字數——題目要求文章總字數至少一百二十個字，有四張連環漫畫圖，所以每張小圖大約要寫三十個字左右。我們可分別設計四小段文章，使每一段保持三十個字左右的內容。

2 第二步，先找男女主角，再看男女主角的故事發展——第四個圖是個問號，所以必須先幫

我做人的原則：吃飯的時候就好好吃飯，彈琴的時候就好好彈琴。
～朗朗 知名鋼琴家

男主角「編」一個故事。會畫畫的同學，也可在第四格中自行繪圖，以方便設計故事。

3 第三步，想好故事後，寫出各圖的關鍵字——觀察本題男女主角的狀況，用中文或英文寫出聯想到的關鍵字，稍後再利用這些關鍵字串連成句子。

4 第四步，擬列故事大綱——根據關鍵字及自行設計的第四圖，用中文或英文擬列一個故事大綱，將零散的資料組合成一個緊湊的故事，並為這個小故事訂出一個「虛擬」的標題。

5 第五步，寫作及檢查——依擬列的故事情節逐段寫作，控制每一段的字數，內容應環繞在「虛擬」的標題上，並讓全文連貫一氣。寫作完成後，務必詳加檢查錯字及漏字。

實際上場解題

依照前述方式，試著分別寫出各圖的關鍵字：

- 第一張圖——看到一個女孩在滑手機以及一個男孩在聽音樂，寫下關鍵字「女孩」、「手機」、「男孩」、「音樂」。又看到一個婦人帶著一個小孩，關鍵字是「婦人」、「小孩」。
- 第二張圖——看到女孩撞到樹以及婦人大吃一驚的表情，關鍵字寫「女孩」、「撞樹」、「婦人」和「吃驚」。
- 第三張圖——男孩仍在聽音樂，背後有汽車駕駛大按喇叭，關鍵字寫「男孩」、「音樂」、「司

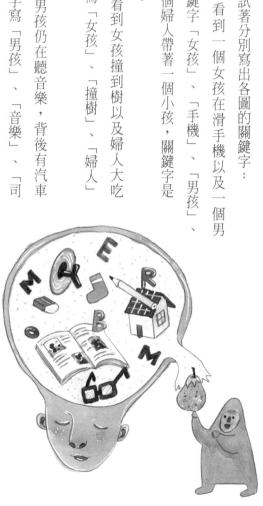

機」和「喇叭」。

● 擬列故事大綱——由前面三張圖，再聯想至第四張圖，可思考故事大綱如下：女孩滑手機↓女孩撞到樹↓婦人大吃一驚↓男孩繼續聽音樂↓汽車駕駛大按喇叭↓男孩大吃一驚↓男孩閃躲路旁↓男孩回頭察看女孩狀況↓兩人快樂回家。

● 擬列虛擬標題——爲這則小故事擬列一個標題，例如：低頭族小心過馬路。

● 動手寫作及檢查——默想虛擬的標題，逐句逐段依所列關鍵字及題綱發揮。句型不必繁複，單字也未必深奧，文句通順，表達清楚即可。避免使用不確定的單字、片語或是句型。完成作文後，再詳加檢查，看看時態、用字、片語等是否正確。

別把連環漫畫題想得太複雜，要懂得隨機應變。作文需要英文實力，也需要聯想力。多拿幾屆考古題來做練習，並請老師修改文章。勤做準備，上考場就能輕鬆得分！

考試達人武功祕笈

- 平時要多看考古題。考古題看得越多，上場作答會越有把握！
- 連環漫畫題的解題關鍵在於：詳閱題目提示、計算各段字數、尋找關鍵線索、寫出關鍵字、擬列大綱、動筆寫作及詳加檢查。
- 漫畫中常暗藏細節及提示。請拿出柯南的放大鏡，仔細搜尋，特別留意圖中文字與數字，這些漫畫的配角往往會成為解題的主角！

成功的關鍵有二，第一是防止錯誤，第二是改正錯誤。
～陳之藩 知名作家

第一次 第二次 第三次

□□□ 平時練習寫作文，不會老調重彈，或是寫出「類八股」式的作文。絕對不會抄襲別人的文章！

□□□ 會多練習寫國字，減少出現錯別字。

□□□ 平時會多收集名言佳句，增加文章的豐富性。

□□□ 不會亂引用名人佳句或歷史故事，不會張冠李戴。

□□□ 會多注意時事新聞及社會國家大事，不會只顧著K書。

□□□ 看到時事新聞，會自行模擬將新聞變成考題！

□□□ 積極練習英文作文寫作，並熟記優良作文範本。

□□□ 不直接抄襲作文範文，會改寫成適合自己的佳句，並將佳句抄在筆記本裡。

□□□ 會多練習英文考古題，熟悉各種不同題型。

□□□ 會練習四格英文漫畫題，並嘗試以不同方式寫作文。寫完後，會請英文老師修改。

□□□ 會減少英文拼字錯誤，並努力增加自己的詞彙。

考試達人

挑戰擂臺第四關

請在不同顏色框框（□）中，依自己目前狀況檢驗考試學習的成果。對於已經達成的事項，請打勾（✓）；對於偶而可以達成的事項，請打三角（△）；對於經常無法達成的事項，請打叉（╳）。

◎ 第一次挑戰——
請填在第一排**藍色框框**中，並請填上今天的日期。

◎ 第二次挑戰——
請於一個月後再次檢驗，請填在第二排**黃色框框**中。

◎ 第三次挑戰——
請於三個月後再檢驗一次，請填在第三排**紅色框框**中。

當你的框框中勾勾（✓）數越多時，代表你已逐漸向考試達人邁進；當你的框框中全部填滿勾勾（✓）時，代表已經挑戰成功！

第一次　第二次　第三次

第一次挑戰日期	年	月	日	時
第二次挑戰日期	年	月	日	時
第三次挑戰日期	年	月	日	時

□□□ 平時會收集好的作文題材，當成自己寫作的「特選食材」。

□□□ 平時會多練習寫作文，並請老師修改。

Chap 5

閱讀測驗解題達人

5-1 由短答案的罩門下手——如何攻破長篇大論的敘述型考題？

5-2 先看答案，再讀文章——如何在國文科閱讀測驗拿高分？

5-3 俄羅斯娃娃的祝福——如何解答連環套題及多選多型題？

5-4 不要怕不認識的生字——如何在英文科閱讀測驗得高分？

5-5 閱讀測驗的解題步驟——如何在自然科閱讀測驗拿高分？

考試達人加油站

「考試達人」的魔法寶物

- 請你依上次考試準備狀況填寫下列表格，有做到的項目請打勾「v」。
- 考試達人等級分為 A 級、A^{+} 級、A^{++} 級三級，各項目有不同達人等級。

達人等級	A 級	A 級	A^{+} 級	A^{+} 級	A^{+} 級	A^{++} 級	A^{++} 級	A^{++} 級
考試科目	考前有K書	考前有翻看練習題	考前有K完一遍	考前有做完練習題	考前有做考古題	考前有K完三遍	考前有寫整理筆記	考前有熟記不會的題目

※ 當達到 A 級達人程度後，再要求自己做到 A^{+} 級達人，最後達到 A^{++} 級達人的境界。

- 請你就上列表格打勾狀況不佳的科目進行分析。
- 請提出自我積極改善問題的方法。

考試名稱	目前達人等級	學習及考試不理想的原因	積極改善方法
	級		
	級		
	級		

※ 只要持續努力不懈，你就會成為全科的 A^{++} 級達人！

5-1 由短答案的罩門下手——如何攻破長篇大論的敘述型考題？

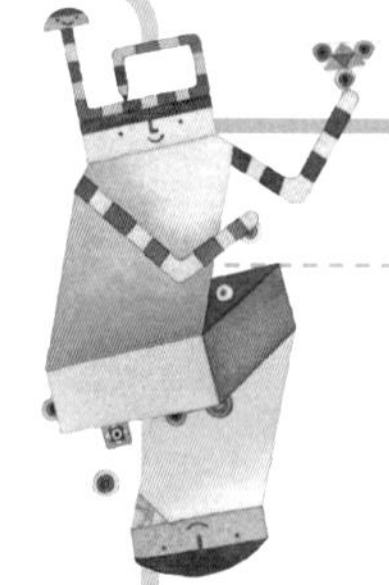

許多考生不愛作答閱讀測驗，因為嫌題目本文敘述太長。
其實，閱讀測驗題目越長，所暴露出的破綻就越多。

魔術師的障眼法

魔術師的表演很神奇，在意料之外帶給觀眾無限的驚喜，當觀眾正專注於他右手的動作時，左手忽然冒出一隻動物，結果總是讓人出乎預料之外。

魔術的神奇力量來自於表演的手法、機關的安排以及舞台的布置。種種精心設計均運用了障眼法，目的是要混淆視聽。當觀眾目光聚集於魔術師的右手時，他的左手已完成另一項表演的準備；當觀眾凝神注視舞台時，觀眾席後方又做好下一輪表演的接應。

舞台上的魔術師給觀眾帶來滿滿的驚喜，然而同樣的手法也經常運用在考題中，但它爲考生帶來的可就是滿滿的疑惑了。想要找到正確答案，你一定要具備能夠看穿戲法、撥雲見日的能力！

國文與英文的實力養成

文娟與曉玲在考前討論國文該怎麼準備。

「妳國文念得怎麼樣了？」文娟問曉玲。

「書好多，都讀不完耶！」曉玲皺眉抱怨。

「國文科範圍太大，眞的很難準備！」文娟附

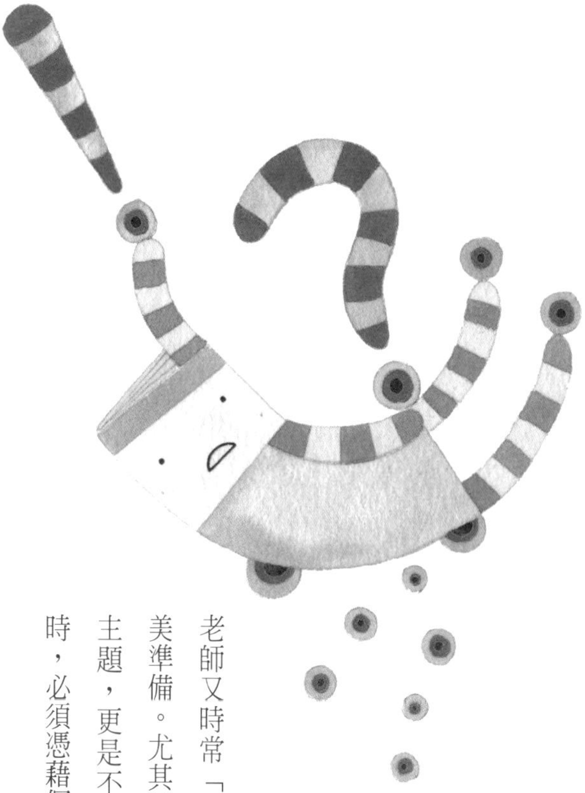

和地說。

「那妳都怎麼讀呢？」曉玲反問。

「國文考試要靠實力，所以我把時間都拿去念別的科目了！」文娟回答。

確實，國、英兩科的教材範圍都很大，雖有教科書可爲依據，但是考試內容五花八門，與生活、時事相關，命題老師又時常「製造」別出心裁的題目，所以的確很難完美準備。尤其是閱讀測驗不受限於教材範圍，沒有特定主題，更是不容易預測，因此在面對國、英兩科考試時，必須憑藉個人平日鍛鍊的眞正實力。

令人頭痛的敘述型考題

能夠應對大範圍考科，靠的是「實力」，但想要看穿戲法，有賴於「能力」。能力與實力固然需要長期培養，但有些應試答題的技巧，可以在考前「臨時抱佛腳」加緊練習。所謂「臨陣磨槍，不亮也光」，如能習得這些技巧，將會更容易找到題目的答案。

多數考生喜歡文字敘述短、答案也精簡的題目，覺得這一類題目看起來比較簡單、問題明確、答案清楚，因此一碰到「閱讀測驗」和敘述篇幅較長的題目，就心生恐懼、手足無措。然而，命題老師並不會迎合學生的喜好，相反的，爲了鑑別學生們的程度或跨領域的學習力，經常

只要做好準備，機會一定會來。
～王建民 旅美知名棒球選手

會出文字敘述較長、選項文字也偏長的考題。

但照理來說，敘述短的題目，給予的訊息量較低，可供答題的判斷也較少，而文字篇幅較長的題目，可供判讀的訊息較多。爲什麼考生們卻反而害怕文字敘述冗長的題目呢？這或許是因爲：

- 平時閱讀量不足——所以一看到篇幅長的題目，就有些懼怕。
- 閱讀速度較慢——所以碰到篇幅長的文字敘述時，就害怕自己讀不完。
- 閱讀理解力不足——因題目篇幅長，感覺內容複雜，不易掌握題目要旨。

敘述型考題的破解技巧

回憶讀過的武俠小說內容，小說中經常描述高手過招，你來我往，不分軒輊的場面。有時，敵我雙方對峙許久，都在尋找克敵的「罩門」。一旦某方的「罩門」被對手攻破，勝負立見分曉。

在國、英兩科的閱讀測驗中，長篇敘述型考題的陣仗與架勢似乎很嚇人，但很多時候只是命題老師設下的障眼法，用來混淆考生的視聽及判斷，當中一樣存有「罩門」。一般而言，如果「題目」的文字敘述長，「答案」的敘述就偏向簡短；倘若「答案」的文字敘述長，「題目」的文字敘述就趨於精

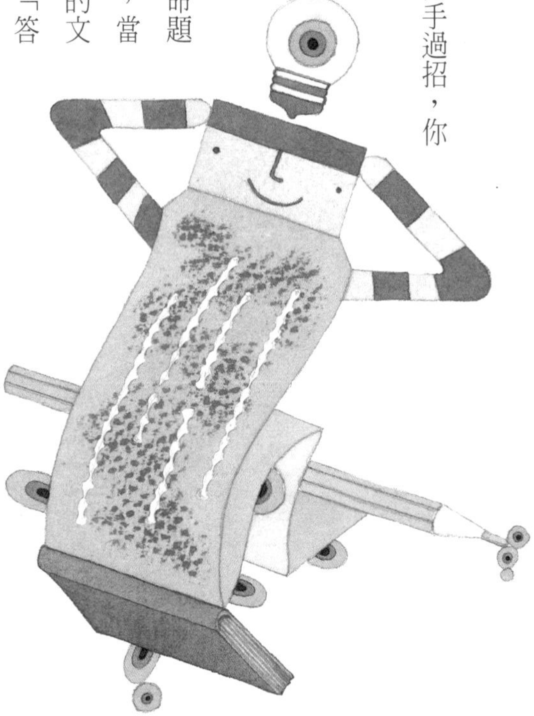

簡。所以「題目」本身文字長的考題，「答案」部分就是罩門所在；而「答案」敘述長的考題，「題目」就是克敵的關鍵。

因此，面對文字敘述超「長」的閱讀測驗題，建議你先看「短」的答案，從答案中尋找解題的線索及提示。

因為答案的敘述較短，你可以迅速得知該題的命題方向，進而推想命題老師希望考生了解什麼，如此可縮短自己閱讀的時間，精準抓住文章重點，增進對該文章的理解程度，幫助自己迅速選出正確選項！

延伸招式 **《超高效K書達人》二之五：關鍵少數的內容帶來大多數的分數**

考試達人武功祕笈

- 遇到國文及英文的閱讀測驗「長文字型」題目，必須先攻擊最弱的「罩門」。
- 先看文字敘述短的答案選項，從中搜尋線索，即可迅速找到解題關鍵。
- 閱讀時要注意：化繁為簡、去蕪存菁。搜尋與問題有關的內容即可，其他的留待考後再欣賞。

實力是人家搶不走的。
～王永慶 台塑企業創辦人

5-2 先看答案，再讀文章——如何在國文科閱讀測驗拿高分？

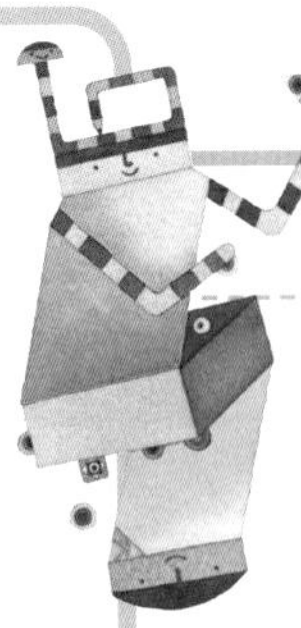

作答閱讀測驗時，考生最容易被又煩又長的文章「嚇住」。
尤其是沒有耐心的考生，遇到這種題型往往是未戰先敗。

閱讀測驗的重點在哪裡？

一般而言，考生都喜愛短的題目敘述，認爲題目越長，難度及挑戰性也會越高。而閱讀測驗往往都是篇幅最長的題目，表面上看來很難，但其實題目越長，提供的解題線索也越多。

國文科的閱讀測驗是評量閱讀及理解能力的重要考試題型。但許多學生一遇到閱讀測驗，就緊張地盯住每一個字猛看，結果看到後面，忘了前面。再讀一次時，看了前面，又忘了後面。雖然很努力、很認眞閱讀，但就是找不到答案。

依《超高效K書達人》書中「八十／二十法則」的概念，百分之八十的題目來自於百分之二十的內容。因此一篇文章可能長達五百個字，但是眞正與解題有關的敘述，可能僅佔百分之二十，也就是一百個字而已。如果能夠先找到這一百個關鍵字的所在，即可大幅縮短閱讀時間，並且選出正確答案。

考生想要積極爭取閱讀測驗的分數，就必須先思考如何抓住閱讀測驗的重點，以及怎樣縮短閱讀時間。

先看答案，再讀文章！

閱讀測驗有沒有迅速破解之道？其實是有的。只要掌握解題關鍵，作答閱讀測驗一樣可以很輕鬆。

閱讀測驗的破解絕招就是先測驗、再閱讀，而非一般人習慣的先閱讀、再測驗。拿到題目後，請先看題目想問的是什麼？有哪些關鍵字或關鍵句？等大致掌握題目方向及內容輪廓後，再回頭細讀閱讀測驗的正文。

人的心理往往很奇妙。對於未知又困難的問題，總會感到些許惶恐與壓力。但假如事先得知問題的內容，反而可以穩定不安的情緒，壓力也會隨之減輕。所以先看看題目到底在問什麼，有助於安定考生應試時的心情。

一邊閱讀，一邊畫線

閱讀測驗的文字敘述經常很冗長，心急的考生往往沒有耐性從頭到尾仔細看完，但是越心急，越找不到答案。

看過題目，對於問題有了初步的概念後，在閱讀本文時，就與平常看課本一樣，邊閱讀、邊畫線，將重點一一標出。讀到與題目相關的重要關鍵字或關鍵句時，要用力圈起來；碰到反覆出現的

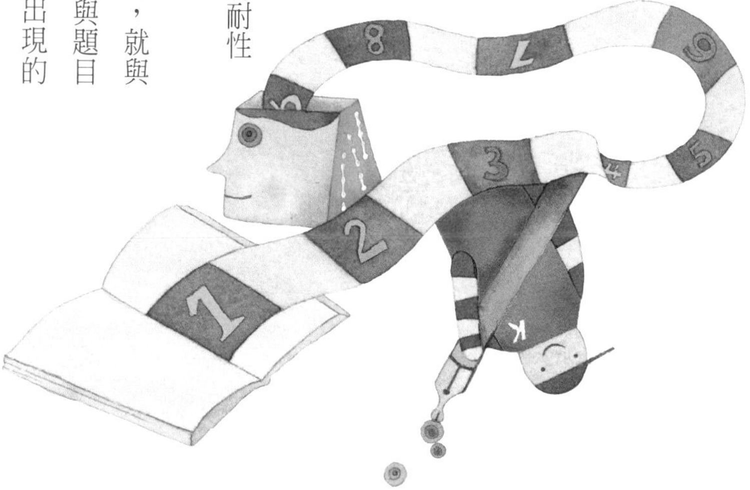

熱情地的接受改變，但不要放棄你的價值觀。
～黑幼龍 卡內基訓練大中華地區負責人

人名、地名、物名時，也以不同符號圈記。經過自己動手加工註記後，一篇原本陌生的文章，就會變得熟悉許多。接下來，只要閱讀畫線及圈記的部分，就可以掌握全文的精要，並有效節省閱讀時間。

自加註釋

閱讀測驗通常有好幾段文章，每讀完一段，畫完線、做完圈記後，趁自己記憶猶新之際，可以在題目紙的空白處簡單寫上幾個字，或畫上有助於辨識的符號，提示該段的大意。例如在一篇描寫工業革命的文章中提到：「第一次工業革命是機械化，第二次工業革命是電氣化，第三次工業革命是資訊化，第四次工業革命是奈米化……」你可以在空白處標記：「⑴→機，⑵→電，⑶→資，⑷→奈。」等讀到下一段分述不同工業革命的內容時，因爲你已有全盤概括性的印象，不會覺得讀了半天，還是不清楚那一段到底在講些什麼。

不熟悉的生字或生詞

在文章中見到不熟悉的生字或生詞時也不用太緊張。國中會考中，有時還會貼心地在考卷適當之處提供解說，避免考生無法理解。大學學測及指考雖然不會解釋這些

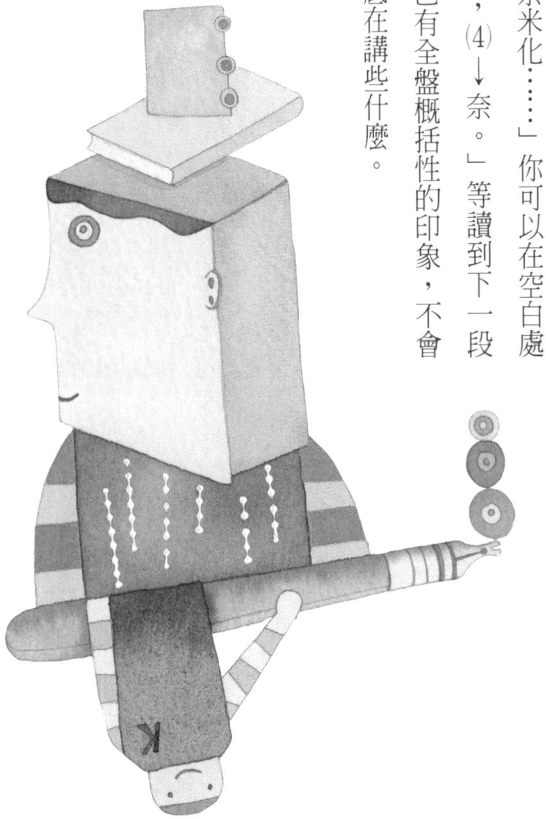

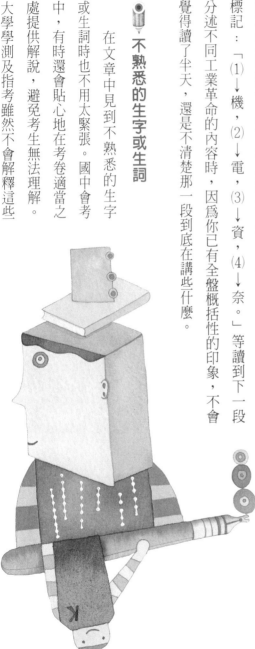

字詞的意思，但閱讀測驗主要是爲了評估考生對整篇文章的理解，而非在測驗單一字詞的意涵。因此碰到不認識的單字或詞彙，可以將它圈起來，然後勇敢地直接跳過。即使不認得那個單字或詞彙，但利用前後文的推敲，仍然可以貫通文意，抓住全文的要旨。

閱讀測驗的得分關鍵在於耐心及技巧。閱讀測驗只是在字數的陣仗上看起來頗爲嚇人，不代表一定難度很高，其實不足爲懼。只要考生能掌握上述的技巧，閱讀測驗的分數也會成爲你的囊中物。

延伸招式 **《超高效K書達人》六之一節：加工畫重點的技巧**

考試達人武功祕笈

- 想在閱讀測驗中得高分，不是先閱讀、再測驗，而是先測驗、再閱讀。
- 先了解題目要問什麼，就能知道閱讀時應注意哪些重點。縮短閱讀時間，才能輕鬆找到答案。
- 閱讀本文時，要邊閱讀、邊畫重點，順便圈起在題目中出現過的關鍵字或關鍵句。根據畫線重點及關鍵詞，就能找出解題的要件。

我最喜歡的回憶是，克服困難的過程。

～貝聿銘 知名建築師

5-3 俄羅斯娃娃的祝福

——如何解答題組題及多選多型題？

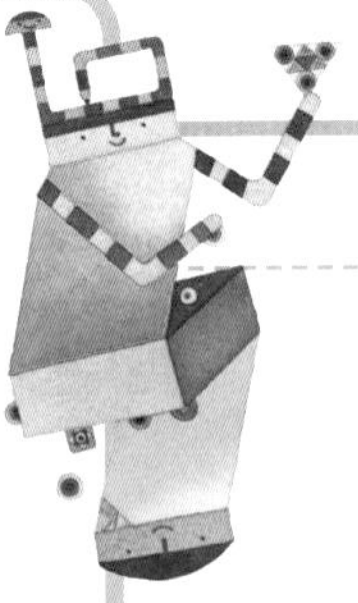

題組題往往是命題老師的最愛，因為可以「卡」住許多考生。
題組題出現的大本營在閱讀測驗。別怕題組題，冷靜以對才容易取分。

俄羅斯娃娃的祝福

你看過俄羅斯娃娃嗎？俄羅斯娃娃又稱爲許願娃娃，是俄國特產的木製玩具，由多個形狀相同的空心娃娃層層疊套在一起，最多可以高達十幾個娃娃。先打開最大的娃娃，從中拿出次大的娃娃；再打開次大的娃娃，從中取出第三大的娃娃……依此類推，最裡面就是最小的娃娃。

聽說在俄國有一個美麗傳說，他們認爲每個娃娃裡都住著一個精靈，只要打開所有的娃娃，並對最小的娃娃許願，再將所有的娃娃組合在一起，精靈們爲了重獲自由，會幫助許願者實現心願。所以俄羅斯娃娃逐漸成爲當地人相互祝福及贈送的禮物。

題組題的解題祕訣

考題中的題組題就如同俄羅斯娃娃，也是一個套住一個。而題組題最常出現的大本營，就在閱讀測驗單元。

兩個考生在討論遇到閱讀測驗的題組題時，應從哪裡開始作答。

甲生說：「當然從第一題開始寫囉！」

乙生問：「爲什麼？」

「因爲第一題最簡單啊！」甲生答。

「才不是呢！」乙生不服氣，「我都是從最後一題開始寫。」

「爲什麼？」甲生不解。

「因爲最後一題都最先放棄呀！」乙生理直氣壯。

「……」甲生無言以對。

事實上，第一題不見得最簡單，最後一題也不用優先放棄。題組題確實與俄羅斯娃娃有異曲同工之妙，但在解題時，卻毋須完全按照開啓俄羅斯娃娃的順序。有時我們不依題號順序作答，也能直搗黃龍，將正確答案手到擒來。

除閱讀測驗外，最近其他單元的考題中，出現題組題的機率也大爲提高。許多考生對這類型題目不甚擅長，往往一看到題組題，就自動舉白旗投降。然而一整道題組題的配分通常是其他單一題目的兩、三倍，如果貿然放棄，定會在分數上造成極大的損失。

究竟對於此類題目應該如何出招呢？建議你採取以下步驟解題：

1 第一步，先看完所有題目

將題組題的題目全數看過一遍後，再一一作答，不要每看一題答一題。等所有的子題都瀏覽過一遍，清楚了解題意之後，再回頭從最簡單的子題答起。

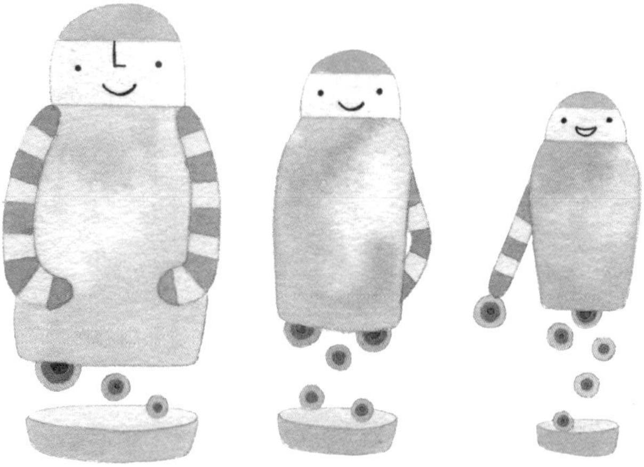

心境和諧開朗，才能安靜地看出世界的妙處。

～余光中 知名詩人、作家

2 第二步，替題目加工——

可在題目文字下方畫線，標出重點。並盡可能用英文字母做爲代號，例如李白是L，杜甫是D，蘇軾是S等。用英文符號代替文字，可簡化題意，且易於找出相對關係。

3 第三步，不要緊張——

對於題組題，即使不甚明瞭題目內容，也不用緊張，有時後面的子題會提供解題線索。將題目的敘述與命題本文內容做比較，兩相對照下，會找到該找的答案。

4 第四步，先攻最簡單的子題——

不一定要從第一道子題開始解答。雖然大部分的子題有答題的順序性，但並非絕對。只要能輕鬆解題，沒人規定非得先做第一道子題不可。建議一開始先選擇最有把握的子題作答。

假設有三道子題，當你先解了一題後，就會覺得心情較安定，因爲只剩兩道子題；再解一題後，心情會更輕鬆，因爲只剩下最後一題。題組題無法鯨吞，只能靠蠶食。一丁一點地吃，最後會全部吃進五臟廟。

多選多型的選擇題

大學英文學測及指考的文意選塡題是難度頗高的單元。一般命題時，在一篇文章挖了十個空格，下面再給十個答案，所以每一個空格都有十個選項。這是標準結合閱讀測驗及多選多型的題目。針對這類型的題目，介紹幾個破解撇步：

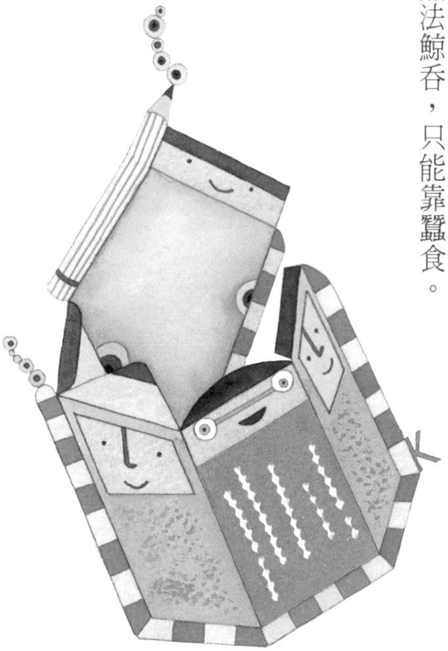

❶標上詞性——暫且不管文章內容，先將選項裡十個單字分別標上詞性，例如：名詞是n，動詞是v，形容詞是adj，副詞是adv等等。

❷再讀文章——接著讀文章，看看每一個空格需填名詞或是動詞，依照該格所需要的詞性，再去找答案。

❸從最簡單的空格填起——請從最簡單、最有把握的空格開始填。每多填一個空格，就少了一個可供選擇的選項。隨著選項干擾逐漸減少，從十選一變成九選一、八選一、七選一……你會越選越輕鬆。

下次再遇到閱讀測驗的題組題或多選多題時，請充滿自信，從容作答。只要具備答題技巧，輕鬆得分絕非難事。俄羅斯娃娃也會爲你祝福！

考試達人武功祕笈

- 對於閱讀測驗的題組題，要先看完命題本文及所有子題，了解題意後，再從最簡單的子題開始回答。
- 子題越多的題目，內藏的解題線索就越豐富。要從不同的子題中，找出解題的關鍵。
- 對於多選多型的題目，先挑軟柿子下手。每解一題，就少了一個要傷腦筋的選項。選項的干擾越來越少，選答案就會越來越輕鬆。

總是為擔心錯誤而猶豫，永遠無法實現自己的想法。
～楊志遠 雅虎創辦人

5-4 不要怕不認識的生字
——如何在英文科閱讀測驗得高分？

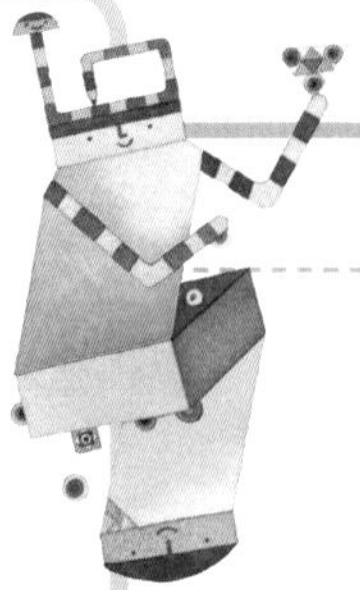

英文科想衝高分，不僅要背單字及片語，還要加強閱讀測驗！
閱讀測驗不能亂猜，更要靠實力及解題技巧得分。

為什麼閱讀測驗很難？

模擬考成績公布後，文慶與志祥在聊天。

「你這次英文模擬考考得怎麼樣？」文慶問。

「不想講了！」志祥有點垂頭喪氣。

「你不是K很久了嗎？」

「就是啊！」志祥說：「我英文單字與片語背了好久，沒想到還是考出這樣的分數！」

「你是哪一類考題失分比較多呢？」文慶問。

「都是閱讀測驗啊！」志祥答。

「英文閱讀測驗光靠背單字與片語是沒有用的啦！」文慶笑著說。

英文閱讀測驗是評估考生英文實力的重要考試題型。不少學生平時花許多時間背英文單字、背片語等，但是一遇到閱讀測驗就束手無策。爲什麼會這樣呢？來想想可能的原因：

● 平時只顧著背單字及片語，沒有嘗試實際閱讀英文文章，所以一上考場碰到閱讀測驗時，無法迅速讀完全文。

● 閱讀英文文章的經驗不足，即使背了很多單字

及片語，但不能加以活用，以致於背單字及片語的成效無法展現。

- 背單字及片語都是片段式的記憶。因平時缺乏練習，無法將單字串連成句子，亦無法將句子連結成文章，以致於對文章的理解能力較不足。
- 平時較少練習做閱讀測驗，所以在判斷題意及迅速選出答案方面，經驗較爲不足，無法確實拿下閱讀測驗的分數。

解答英文閱讀測驗的祕訣

了解過去難以在閱讀測驗上取分的理由後，在考前時間有限的狀況下，該如何有效增進自己的英文閱讀能力呢？

因大考在即，沒時間藉由大量閱讀以提升閱讀能力，此時最好的方法是多練習做閱讀測驗考古題。你可視個人時間及需強化程度，決定要做幾年份的考古題。如第二章第一節所述，建議至少做最近三年的考古題，以熟悉題型及強化閱讀能力。

此外，練習做閱讀測驗時，應該注意以下事項：

1 尋找關鍵句

依照英文寫作的習慣，每段的第一句話通常會提示

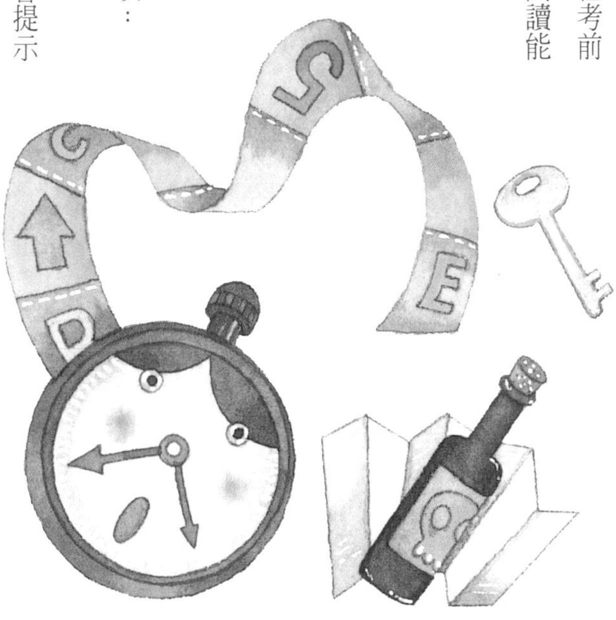

只有知道衡量事情的輕重、緩急、先後，而明於進退與取捨的人，才能成功。
～劉墉 知名作家

該段重點，最後一段則是爲全文做總結。如果一時找不到答案，不妨採取跳躍式閱讀法，先把各段第一句話看過一遍，再閱讀最後一段。利用重點式閱讀，應能找到解題的關鍵線索。

2 尋找關鍵字

先前章節曾經介紹，閱讀測驗應該先看短文字的答案，再讀長文字的本文。選項中的答案，例如人名、地名、時間，往往會透露出關鍵字爲何。知道關鍵字後，可以在閱讀文章時，邊讀邊將出現的關鍵字全數圈起，以提醒自己注意。

建議你依據問題內容，調整閱讀時的方向及重點。題目要問什麼，就先閱讀什麼。閱讀的要訣在「精」不在「多」。即使沒有看完整篇文章，只要抓住答題的關鍵字，照樣可以擦板得分。

3 出現不認識的單字

假設在文章中，某些不認識的單字屢屢出現，變成文中的「男女主角」，就將其全部圈起，再爲它們取代號。例如，文章中反覆出現「innovation」（發明）及「inspiration」（靈感）這兩個字，就將「innovation」與「inspiration」分別稱爲X與Y。

在解題時，就想著X如何如何，Y就會怎樣怎樣。縱使你根本不知道X與Y到底是何意思，但這並無礙於找到正確的答案。

英文閱讀測驗國文化

有時英文閱讀測驗的本文太長，不容易抓到解題關鍵。建議你可先看題目要問什麼，將要問的以簡單幾個國字註明，再回頭讀本文。閱讀本文時，可在考卷空白處，以國字標記文章重點。沒有必要全文翻譯，僅需寫出幾個關鍵字詞即可，如此可一眼掌握文意大綱，幫助自己迅速解題。將英文閱讀測驗「國文化」，也是解題的另一高招。

英文閱讀測驗其實沒你想的那麼「高不可攀」。只要掌握解題技巧，英文閱讀測驗也會變得「和藹可親」。

考試達人武功祕笈

- 對於英文閱讀測驗，可以先找出關鍵句及關鍵字。看到不認識的字詞，先直接跳過，或是為它取代號。只要前後文意通順，主旨清楚，認不認識這些字詞並不重要。
- 將英文測驗的題目直接翻譯成中文，利用常識及邏輯判斷，有時即可直接選出答案。將英文閱讀測驗國文化，是考試高手得分的另一妙招。
- 閱讀文章時，眼睛要像雷達偵測器，特定目標沒出現時，迅速跳過；一接近目標區域，則放慢掃描速度，仔細偵察。解題高手只在該出手的時候才亮招！

行動增強信心，不行動帶來恐懼。克服恐懼最好的辦法就是行動。

～《誰搬走了我的乳酪》

5-5 閱讀測驗的解題步驟——如何在自然科閱讀測驗拿高分？

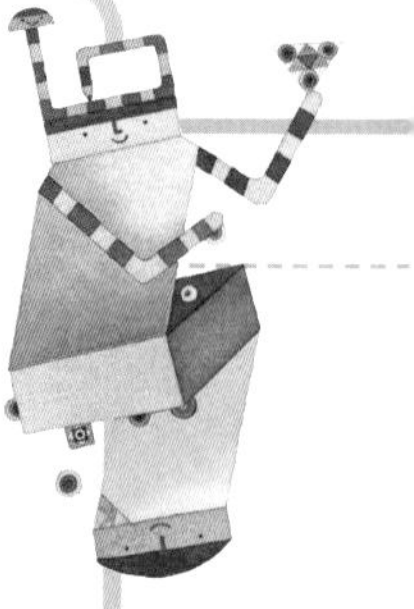

自然科也會考閱讀測驗，尤其是生物科！
想拿高分，除了需熟讀自然科的知識，還要具備解題的高招與智慧。

先解哪一題？

假設去打工，有一種工作一小時可賺一百元，另一種工作一小時可賺一千元，你要選擇哪一種？

如果這兩種工作的難易程度及工作環境相差無幾，你一定知道該選哪一個工作。

接著，我們再來思考：假設你花一分鐘解一題，可以得兩分，而另外一題需花五分鐘才能解完，但同樣只能得兩分。你要選擇先解哪一題？

一定會選一分鐘可解完的那一題！

但很奇怪的是，雖然一般人在考前會做這樣明智的抉擇，但等到眞正進入考場時，卻會不自主地去答五分鐘才能解完的那一題。

爲何會如此呢？

這是因爲許多考生平日循規蹈矩，考試時也按部就班，習慣依題號順序從頭到尾一一作答。考試中如果碰到難度較高的題目，就很執著於非解出來不可，而且越是解不出來，就越想極力解出來。即使最後眞的成功解出難題，卻已經耗費了太多寶貴的時間。

命題老師在出題時，爲了鑑別考生的程度，總喜

歡在考題中設陷阱、埋地雷，設計出幾個特別刁鑽的難題，目的就是希望考生會掉入陷阱，耽擱了解題的時間。如果你真的不小心深陷其中而無法自拔，就是中了命題老師的「機關」與「埋伏」。

假設一道難題是兩分，一道簡單的題目也是兩分。如果解出難題需花十分鐘，而簡單題目僅需一分鐘就可解決，那麼這道難題的投資報酬率顯然不高。

要不要跳題？

不僅國、英兩科要考閱讀測驗，近來自然科也吹起一股閱讀測驗風，題目文字長度不見得會短於國文科，而且皆以題組題形式出現。一道閱讀測驗題通常有數個子題，所以整題的總配分也會高於其他類型的選擇題。然而考生需先讀完一大篇文章，才能回答不同的子題，所以每個子題的平均作答時間會比一般選擇題來的長。因此是否應先進攻這些配分高的閱讀測驗題，仍然有待商榷。

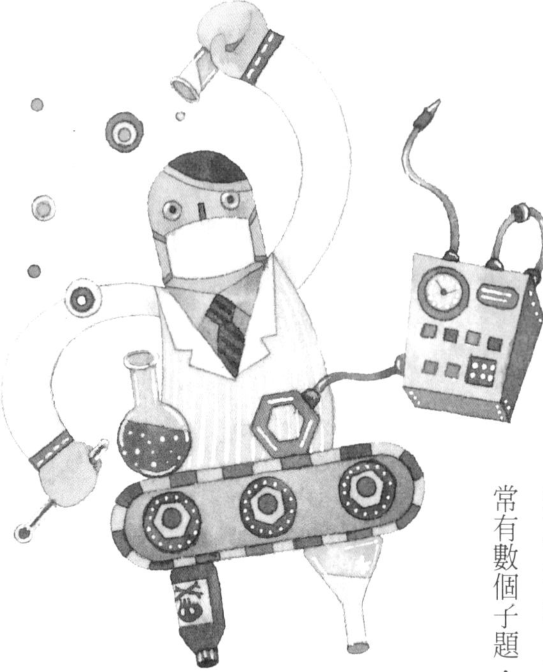

自然科的閱讀測驗通常是命題老師「精心調製」的大難題，考生千萬別因遇到難題就自亂陣腳，使自己越發精神緊繃。

昨日種種，皆成今我，切莫思量，更莫哀，從今往後，怎麼收獲，怎麼栽。
～胡適 中國文學家，前中央研究院院長

建議如果遇到自然科的閱讀測驗題，可先稍微瀏覽一下題目。若發現對方「來勢洶洶」，建議你最好還是暫時「迴避」爲上策，先跳過這一大題，等解決完其他易解的題目後，再回頭來好好研究這一大題。

閱讀測驗的解題步驟

當你解完其他題目，知道自己已掌握大部分分數後，再回頭做閱讀測驗時，心情會較爲輕鬆，也可好好享用命題老師爲你準備的「豐盛大餐」。建議運用前面介紹的國文、英文閱讀測驗解題術，對自然科閱讀測驗見招拆招。自然科閱讀測驗解題步驟如下：

1 第一步，先概略瀏覽題幹——

首先快速掃描本文，概略了解全文大意，在腦中留下一個鮮明的印象。暫時毋須仔細閱讀全文，以免將太多時間耗費在與解題無關的內容上。

2 第二步，接著閱讀子題——

接下來應先閱讀各個子題，掌握各題想問的要旨爲何。這些要旨即是稍後細讀本文時，亟需特別搜尋及理解的重要內容。

3 第三步，仔細閱讀本文——

然後，仔細閱讀全文，一見到與子題要旨有關的關鍵字及關鍵句，立刻用筆圈起來，以提醒自己注意。若有反覆出現的關鍵字詞，可用英文符號代替。

4 第四步，從最簡單的子題開始作答——

看完全文後，先進攻最簡單的子題。因爲是題組題，當你確定拿到一道子題的分數後，會提升自信心，而且該子題的答案很可能會爲其他子題提供解題線索，幫助你逐一攻下所有子題。

自然科的閱讀測驗再難，充其量也不過就是選擇題罷了！別被題目敘述長、子題多的陣仗嚇到，只要依照上述步驟好好解題，閱讀測驗的分數就會乖乖落袋！

延伸招式 《超高效K書達人》六之四節：圖像思考法的威力！

考試達人武功祕笈

- 不用急著做自然科的閱讀測驗，等答完其他題目，再回頭慢慢「享用」。
- 不論是自然科、國文科或英文科的閱讀測驗，都是在評估「判讀」文意的能力。想迅速解答題目，就要先從答案看起。
- 閱讀測驗常見的陷阱是：答案與題目中的敘述明顯相關或相似。這種太明顯送分的答案，大多是暗藏地雷的機關，千萬別暗自竊喜而中計！

有非凡志向，才有非凡成就。
～比爾・蓋茲 微軟創辦人

第一次　第二次　第三次

☐☐☐ 做閱讀測驗時，會習慣先看答案，再讀本文。

☐☐☐ 做完閱讀測驗練習題，對完正確答案後，會分析自己答錯的原因，並提醒自己下次不會再掉入同樣的陷阱。

☐☐☐ 對於題組題，會從最簡單的子題開始作答。

☐☐☐ 對於多選多的題目，會善用消去法找答案。

☐☐☐ 做英文閱讀測驗時，會先找出關鍵句及關鍵字，並以中文註記。對於不認識的單字，會用不同代號代替，方便自己猜出字意。

☐☐☐ 會多練習做英文閱讀測驗，並盡量縮短自己的答題時間。

☐☐☐ 做完英文閱讀測驗練習後，會學習並記住不懂的單字及片語。自己也會找機會複習這些新單字。

☐☐☐ 會多練習做自然科的閱讀測驗。正式考試時，會保留充裕時間作答。

☐☐☐ 對於閱讀測驗中常見的陷阱，會小心提防，避免粗心往裡跳！

☐☐☐ 對於太明顯送分的答案，會提防有可能暗藏機關，會避免大意失分。

考試達人

挑戰擂臺第五關

請在不同顏色框框（□）中，依自己目前狀況檢驗考試學習的成果。對於已經達成的事項，請打勾（✓）；對於偶而可以達成的事項，請打三角（△）；對於經常無法達成的事項，請打叉（×）。

◎ 第一次挑戰——
請填在第一排**藍色框框**中，並請填上今天的日期。

◎ 第二次挑戰——
請於一個月後再次檢驗，請填在第二排**黃色框框**中。

◎ 第三次挑戰——
請於三個月後再檢驗一次，請填在第三排**紅色框框**中。

當你的框框中勾勾（✓）數越多時，代表你已逐漸向考試達人邁進；當你的框框中全部填滿勾勾（✓）時，代表已經挑戰成功！

第一次 第二次 第三次

第一次挑戰日期	年	月	日	時
第二次挑戰日期	年	月	日	時
第三次挑戰日期	年	月	日	時

□□□ 會多練習做閱讀測驗考古題，並加快答題速度。

□□□ 練習做閱讀測驗時，會試著為題目畫重點。

Chap 6

選填題及計算題達人

6-1 哈利波特的乾坤大挪移——**如何找靈感解答選填題及計算題？**

6-2 體貼閱卷老師的眼睛——**如何寫出漂亮的計算式？**

6-3 沒有提示的猜謎——**如何解答看似很難的選填題？**

6-4 解題得分的重要步驟——**如何作答計算題與證明題？**

6-5 不要一寫錯，就槓掉重寫——**如何快速修正計算式得分？**

考試達人加油站

「突飛猛進」的魔法寶物

1. 將第一次大考或模擬考的考試名稱及考試日期填好後，請在黃色格子中填入各考試科目名稱，及填入各科考試分數及本次考試總分。
2. 請將考試成績最高及最低的兩科分別用藍色及紅色螢光筆圈起。
3. 請在下次考試時，持續保持藍色科目的優勢，並特別加強改善紅色科目的弱勢。

	1	2	3	4	5	6	7	8	9
考試名稱									
日期									
總分									

- 每次考完試後，請針對自己的弱勢科目，檢討進步或退步的原因。
- 請強化弱勢科目進步的動力，弱勢科目的成績就會不斷進步！

考試名稱	弱勢科目檢討：進步原因	弱勢科目檢討：退步原因

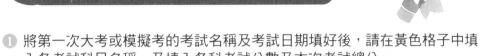

6-1 哈利波特的乾坤大挪移——如何找靈感解答選填題及計算題？

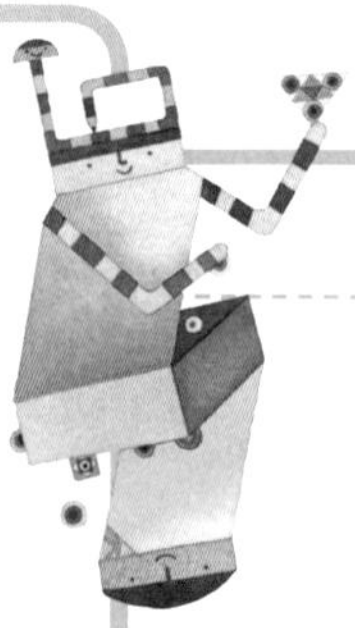

考試解題是一種複雜的思維活動。靈光乍現時，答案就能手到擒來。碰到古里古怪的填充題及計算題，考生最期望有神來一筆的解題靈感。

乾坤大挪移的呼嚕粉

大學學測及指考有非選擇題，因爲沒有選項可供選擇，所以必須全靠自己動筆演算或證明。國中會考的數學科也有非選擇題，需靠自身實力逐一解題。

哈利波特是個擁有魔法的小男孩，他有一種神奇的呼嚕粉。當哈利波特想去某處時，只要灑一把呼嚕粉，口中唸著想去的地點，就可以乾坤大挪移，瞬間到達目的地。在電影《消失的密室》（*Harry Potter And The Chamber Of Secrets*）中，他灑了一把呼嚕粉，剎那間就從朋友家移位至斜角巷，順利採購到霍格華茲魔法學校念書所需的物品。

碰到難解的非選擇題時，如果可以藉由呼嚕粉讓我們在A點消失，又瞬間移位到B點獲得解題的靈感，那該有多好？

呼嚕粉與靈感

靈感的出現，也和呼嚕粉一樣神奇。靈感來無影，去無蹤。考試中作答填充題及計算題時，如果遇到不會的題目或陌生的題型，靈感若能在此刻適時出現，就好

比在落難時遇到救星那般令人雀躍。

碰到古里古怪的填充題及計算題時，如果茫然沒有解題頭緒，建議你採取以下的方法：

❶碰到從未見過的題型，不用太緊張——如果你沒見過，想必很多人也和你一樣同感陌生。心情放輕鬆，大腦才能輕鬆。

❷先把題目從頭到尾仔細讀一遍——以畫線標示重要的訊息，並將數字、符號圈起來，看清楚題目提供的條件以及要求解答的問題。

❸用自己的方式重述——古里古怪問題的陳述方式與一般題目不同，請在考卷背面或空白處，用自己的方式或符號把題目重新表述一次。若能用自己的語言去闡釋，表示你已確切明白題意與要求。

❹不會做的先跳過——思索超過平均解題時間的三分之一，卻仍苦無進展時，可先行宣布「中場暫停」。先跳過這一題，等做完其他題目後，再回頭處理這個原本不會的題目。

如何找解題靈感？

解題的時候，最怕死心眼與拚命鑽牛角尖。

抱持著「非解出不可，否則絕不罷休」想法的考生，容易變得越來越焦躁，可能因此而粗心答錯後面簡單的題目，甚至因解難題耗費太多時間，來不及做完所有考題。

碰到稀奇古怪的題目，先仔細讀完題幹後，可在考卷空白處或

抱最大的希望，為最多的努力，做最壞的打算。

～聖嚴法師 法鼓山創辦人

背面，以自己的語言敘述考題。現在，萬事俱備，只欠東風，亦即解題的靈感。

靈感需要激發，而激發解題靈感的最佳媒介就是考題。你可以參考下列方法：

1 暫時跳過考題

你可暫時先跳過覺得奇怪或難解之題，手裡雖然繼續爲其他題目不停計算，但腦海裡對這個待解的題目仍是印象鮮明。

在讀其他考題敘述或計算其他題目時，往往會產生新的想法，爲待解題目提供靈感。有時候，某一考題的題目敘述會無意間爲其他考題提供「可用」公式或解題「材料」。這些公式與材料經過適當組合後，就能變成解答難題的利器。

這些激發靈感的材料，就如同讓哈利波特穿梭不同空間的呼嚕粉一般。當靈感乍現時，要趕緊將它寫在考卷空白處，等解完手上的題目後，再回頭處理剛才未解的難題。

2 重新閱讀考題

等解完大部分題目後，再來全心全意對付難題或怪題。仔細重讀題目，也把先前畫線、畫圈的地方再看一遍。另在考卷空白處，寫出可能的計算方法或適用的公式。

3 動筆寫一寫

計算題及填充題要測驗的是計算能力，而計算就需要動筆。當筆與紙接觸的刹那，便啓動了各種不同題型的記憶庫，勾起過去練習計算時的回憶，這些回憶也能激發解

題的靈感。

有些人在寫不出來時，習慣無意識地在紙上塗鴉，就在塗塗畫畫之間，有時眞的能從筆與紙的接觸中，迸出解題靈感。

有了呼嚕粉，哈利波特才能自由穿梭於不同的空間；有了靈感，我們即可從無法解題的困境迅速抵達順利解題的目的地。

靈感說來就來，而它最喜歡親近懂得放輕鬆的人。考場中越是緊張焦慮，就會離靈感越來越遠，只能坐困愁城、束手無策。不要心急，切勿慌張，靈感才會乖乖出現！

延伸招式

《K書高手》五之三節：大腦記憶的聯結

考試達人武功祕笈

- 你可先把題目從頭到尾仔細看一遍，標記重要的敘述及符號。再用自己的方式重新表述，轉譯成容易理解的內容。
- 萬一實在解不出來，就先跳過。作答其他題目時，利用其他題目激發出解題靈感。
- 與其空想，不如動筆寫一寫。在考卷空白處或背面，藉由筆在紙上的移動與觸感，勾起過去的解題記憶，也有助於產生新靈感。

最浪費不起的是時間。
～丁肇中 諾貝爾物理獎得主

6-2 體貼閱卷老師的眼睛
——如何寫出漂亮的計算式？

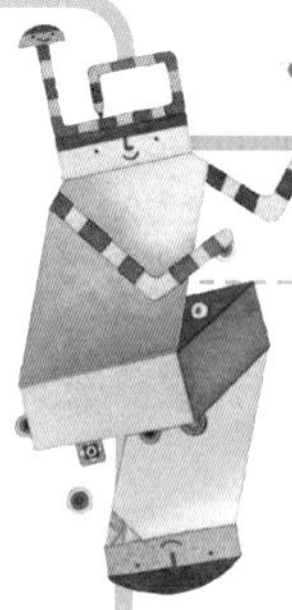

選擇題由電腦閱卷，計算題由閱卷老師的人腦閱卷，
電腦不會累，但閱卷老師的人腦會累。
疲累的人腦看不懂雜亂無章的計算式。

字跡反映你的心情

很多老師在改考卷時，看到學生寫得龍飛鳳舞的計算式，時常不知道該「欣賞」考生的「藝術作品」，還是要「辛苦」地找尋答題內容。

當閱卷老師已經很疲累時，又拿到考生寫得龍飛鳳舞的答案卷，大概很難期待老師能繼續細心閱讀。假設在一定時間內，閱卷老師仍無法看懂你的計算式，這份答案卷恐怕就難以獲得令人滿意的分數。

許多心理學家針對人的字跡進行過分析，發現字跡能反映當時的心情。安詳平和時，字跡也沉著穩定；浮躁不安時，字跡就顯得輕浮草率。對題目沒有把握的學生，慌慌張張作答，字跡潦草混亂，考卷難以閱讀，也就不易獲得高分。

不管你的字寫得好不好看，爲了體貼閱卷老師疲憊的眼睛，寫出一份不需吃力閱讀的答案卷，讓老師能公正評分，是考試答題的基本要求。

寫考卷不是畫圖

大部分考生在寫國文或英文作文時，因平日學校

老師們的叮嚀，多會留意字跡是否工整。但寫到計算證明題，往往就忽略了這一點，不知不覺中，字跡便隨性揮灑了起來。

寫計算證明題時，當然不用寫得像印刷的一樣整齊，但是起碼的「可讀性」與「可辨識性」是必要的。阿拉伯數字4與6、2與3，要寫得端正可辨；英文字母m與n、u與w，也要清晰分明；寫證明題時，「因爲」的符號「∵」與「所以」的符號「∴」不可混淆不清。

計算證明題幾乎都是數字與英文代號，比較不講究字跡是否漂亮，但是數字與英文起碼要「立正站好」在答案紙上，不要寫得歪歪扭扭的。

尺的神奇功效

在《超高效K書達人》一書中，介紹了「K書五寶」，分別是：鉛筆、橡皮擦、紅藍原子筆、螢光筆和尺。考試的時候，第五寶「尺」能發揮很大的作用。曾有研究所學生依照建議，用尺寫考卷，結果考卷變整齊了，考試分數也一併提高了。

寫計算證明題的時候，直尺能幫助你達到三個功效：

1 書寫整齊，專注解題

考試時，邊寫邊把直尺放在所寫的計算式及證明式下方，一方面使算式條條水平排列，讓整張考卷變得整齊美觀，甚至賞心悅目；另一方面也可幫助自己心無旁騖地解這一題，避免因分神

你必須要自己做得更好，人通常是和自己的以前比較，而我則是和未來比較。
～J.K 羅琳 《哈利・波特》系列作家

或粗心而計算錯誤。

如果能將計算式及證明式寫得條理分明，之後回頭檢查時，也比較容易發現疏漏或錯誤之處。再者，考卷寫得整齊，讓老師能輕鬆閱卷，自然就能抓住應得的分數。

2 線條平整，等號清晰——

用尺可以把等號畫得水平。每一道計算式最重要的結果就在等號之後。雖然它只是水平的兩條短線，但是常有考生沒畫清楚，東斜西撇，看不出是什麼符號。如果連等號都寫不清楚，等號之後數字的正確性就會大打折扣。用尺整齊畫出等號的兩條線，每寫一個算式就安心一次，情緒會益發沉著穩定，直到最後解出答案。

3 答案下加雙線，加強重點——

在最後解出的答案下方畫雙線。閱卷老師拿到一份考卷，第一個想確認的是答案是否正確。如果你用尺在答案下方畫雙線，讓老師能輕鬆找到，自然不會去挑剔解題過程。假設你的計算式寫得混亂，讓閱卷老師找半天才發現答案，得分恐怕不見得樂觀。所以用尺將答案的位置明顯標示出來，幫助老師容易閱卷，就等於幫助自己得分。

凡算過，必留下痕跡

電視主持人卜學亮有一句名言：「凡走過，必留下痕跡。」你在解計算題時，也要留下計算的痕跡。

碰到複雜的計算證明題，建議不要在

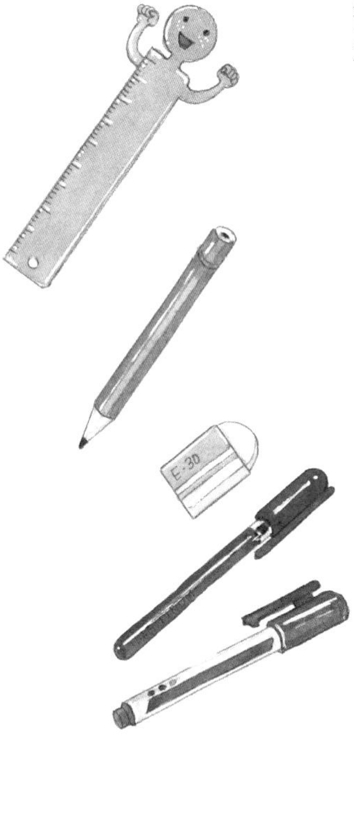

答案卷上直接作答，應先在考卷背面、空白處或計算紙上試著解解看。在試解的過程中，你可能寫到一半就解不下去。有的同學一遇到這種狀況，就拚命將寫過的塗掉、擦掉，或是畫線、打叉，將所有的計算過程槓掉。

其實在解題時，要「凡算過，必留下痕跡」。即便第一次算不出來或算錯，但你已想出最初幾個步驟。一旦發現算不出來或算錯，應該停下筆，檢查計算式或證明式，看看是否有粗心失誤的地方，找出問題的癥結，或是跳脫先前陷入死胡同的思考模式，就會找到正確的解題途徑。

寫一份字跡工整、方便閱讀的考卷，體貼閱卷老師的辛勞，能為你帶來好分數！保留「算過的痕跡」，有助於大幅節省思考時間，計算題就可輕鬆得分！

延伸招式 **《超高效K書達人》三之七節：K書鐵人的文房五寶**

考試達人武功祕笈

- 答案卷不是寫給自己看的，而是寫給閱卷老師看的。閱卷老師看得懂，你才會有分數。字跡越難辨視，獲得高分的可能性越低。
- 寫考卷時，多運用K書鐵人的第五寶「尺」，功效有三：讓計算式寫得工整、等號畫得水平、清楚標示答案位置。

人就這麼一輩子！說來容易，想來卻很深沉；很幸運地擁有了它，不能白來這一遭！
～劉墉 知名作家

6-3 沒有提示的猜謎

——如何解答看似很難的選填題？

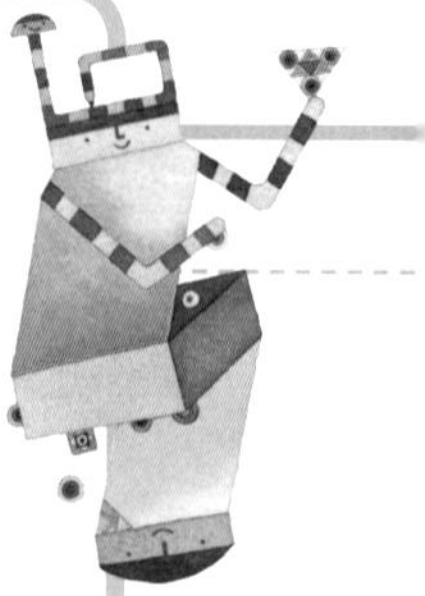

許多考生一看到選填題，往往是一翻兩瞪眼，會就會，不會就提早放棄。無論會不會，還是應該盡自己最大的努力去破解題目難關。

沒有提示的選塡題

猜謎有提示時，比較好猜；沒有提示時，就很難猜。

元宵節常舉辦猜燈謎活動，許多人都躍躍欲試，想大顯身手。猜燈謎的時候，通常會提示要猜一個字、猜一個人名、或猜一個地名等。如果沒有任何提示，想在第一時間猜出答案恐怕很難。

選塡題就像是沒有提供任何提示的元宵節燈謎。在各種考試題型中，選塡題也是提供參考資料最少的一種。許多考生很怕選塡題，因爲無法像選擇題一般亂猜答案、僥倖命中。其實不管個人實力如何，爲了爭取最高的分數，仍有必要盡力答題。

作答理科的選塡題

選塡題出現在理科的時候，大部分是簡單的計算題。題幹中有條件、有數字、有求解的項目。遇到這樣的塡充式計算題，把它當成一道單純的計算題就好。計算式選塡題雖然是以選塡題的形式呈現，但其本質上仍屬計算題，只是答案需塡寫在電腦閱卷卡上而已。

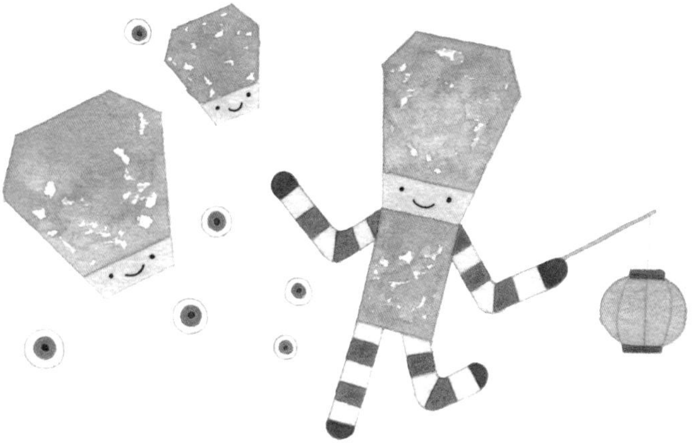

當看見一道填充式計算題時，心裡就要思考：它是一個需要計算的題目，但爲何不以選擇題的形式出現？爲何不以一般計算題的方式出題？

在第三章中，曾介紹過「命題老師的心理是答案的指南」的概念。假設懂得命題老師的心理，就比較容易知道答案。

試想計算型題目會以選填題形式出現的可能理由是：

- 若以選擇題方式出題，必須提供不同的選項。一旦提供選項，可能會揭露太多提示或線索，使這一題變得太簡單。
- 若以計算題方式出題，因爲所需算式步驟可能較簡單，解題難度比不上一般計算題，所以不適合以計算題形式出題。

根據上述理由，當遇到這樣的題目時，應該心裡有數：

- 既然命題老師不願提供選項，代表答案中可能包含特殊的數字或符號。
- 既然本題不適合做爲一般計算題，代表計算步驟應該不會太繁複，所需要的解題時間應該也不會太長。

選填題的計算方法

有了以上的心理準備後，就開始進行解題。雖然不必像處理一般計算題一樣，在答案卷上工整列出每一條計算式，但仍應將計算式寫得讓自己看懂爲原則。解題的時候，建議應注意以

人生有如一股奔流，沒有暗礁，就激不起美麗的浪花。
～羅曼・羅蘭 諾貝爾文學獎得主

下幾點：

❶ 找適當空白處計算——在試卷上找一個比較大的空白處寫計算式，以方便演算。如果空間太小，導致計算式擠在一起，很容易發生粗心算錯的失誤。

❷ 將計算內容標線框與題號——解完題目後，將所寫計算式用線框起來，並在框框左上角標上題號，方便回頭檢查時可迅速找到原先的計算式。

❸ 留意計算時間——一般而言，選填題的平均解題時間應該介於選擇題及計算題之間。如果解題時，發現所花的時間太長或太短，意味著或許哪裡出了差錯。所花時間太長，代表你可能鑽入牛角尖；所花時間太短，代表你可能忽略了某些條件，需要再重新檢視一次題目。

作答文科的選填題

考試時，如果碰到記憶型的選填題，但自己又想不出答案，該如何是好呢？此時自責或敲腦袋都無濟於事，可以試著這樣做：

❶ 先行跳題——先跳過這題，反正硬想也想不出來。或許在回答別的題目時，其他題目的某些關鍵字詞可能會幫助你聯想起答案。

❷ 最後再答——等做完其他題目，再來回想答案究竟爲何。試著回憶自己是在什麼時候、什麼場所、什麼狀況下，

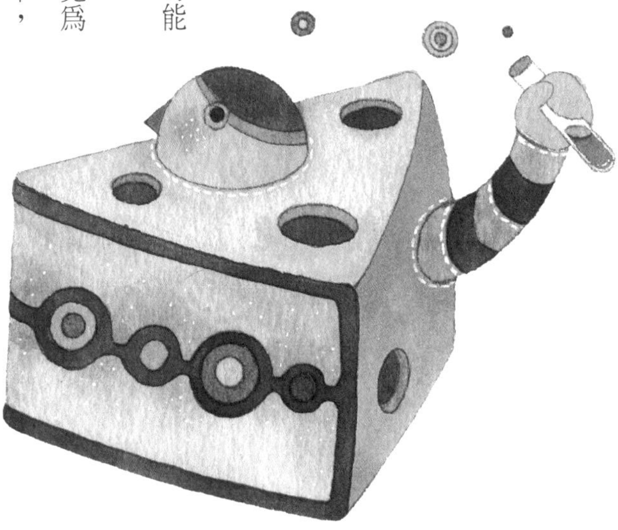

背誦或看過這一段內容。人的大腦很奇妙，雖然忘了記憶的內容，但是一回想到當時記憶的場景，原本以為消失了的記憶有時會福至心靈地湧現。

③**動筆寫寫看**——與其坐著枯想，不如動筆在試卷上寫一寫可能的答案。寫字的動作也有利於喚回過去在學校期中考、期末考、模擬考的印象，幫助你找回記憶。

選填題雖然沒有提供太多解題的參考資訊，但只要把它視為沒有選項的選擇題，或是簡化的計算題，再搭配前述的解題技巧，相信選填題的分數還是可以手到擒來！

延伸招式 **《超高效K書達人》六之四節：圖像思考法的威力！**

考試達人武功秘笈

- 切勿一看到選填題，就自動放棄。填充式的計算題，應在試題紙較大的空白處進行演算，別讓計算式擠在一起，避免因粗心而算錯。
- 將寫完的計算步驟用線框起來，並標上題號，方便自己回頭檢查及核對。
- 想不出答案時，就回憶在何時、何處、何種狀況下，讀過該段內容。回想當初的場景，有助於喚回消失的記憶。

6-4 解題得分的重要步驟

——如何作答計算題與證明題？

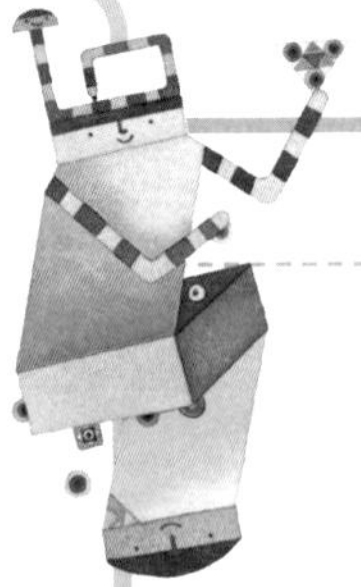

命題老師出計算題與證明題，並非為了讓考生未挑戰就先舉手投降。不放棄任何得分機會，才有衝高分的可能！

不同類型的考生

爲了有效鑑別出考生真正的程度，在現行考試中，越來越重視計算題與證明題，連國中會考的數學科也加考這兩類題型，所以一看到這些題目，絕對要嚴陣以待。

在大考中，計算題及證明題都屬於大題，單題的配分高，往往差一題就差了好幾個志願，所以考生大多會戒慎恐懼、小心應對。謹慎型的考生碰到計算證明題，會在試卷背面或空白處逐條寫下一道道計算式或證明式，寫完整題後，再小心翼翼謄寫到答案卷上。

衝動型的考生則是不管三七二十一，一看到題目就埋頭苦幹，整張考卷塗塗改改，最後可能連自己也找不到解出的答案在哪裡。

前一類考生固然非常小心謹慎，可確保答案卷的乾淨工整。但是重新謄寫複雜的計算式，往往會浪費許多時間，對分秒必爭的考試而言，不見得是明智之舉。

第二類考生固然拚命抓緊時間解題，但只怕會把整張答案卷塗改得連自己都難以辨視，更遑論讓閱卷老師一目瞭然，找到你的答案。

解題的中庸之道

做計算題或證明題時，過度謹慎會浪費時間，過度莽撞會事倍功半。過猶不及，「中庸」才是最佳解題之道。

那麼如何遵循中庸之道，既能節省抄答案的時間，又可避免塗改呢？建議大家採取以下的答題方式：

❶仔細閱讀題目——在完整讀完題目的文字敘述後，若評估有七、八成把握可順利解出，就不必顧慮太多，直接在答案卷上逐一寫下計算式或證明式。這樣可以有效縮短重新謄寫的時間。

❷考卷背面嘗試解題——如果讀完題目，感覺實在沒把握，就不要莽撞地直接寫在答案卷上。因爲一旦寫錯，擦掉或塗改不僅浪費時間，也會使答案卷顯得髒亂。最好先在試卷背後、空白處或計算紙上，試寫一下計算式或證明式。只要確定找到了解題關鍵，就馬上回到答案卷上進行正式的作答，以爭取寶貴的時間。

數學科的計算技巧

數學科不論是選擇題或非選擇題，本質上都是屬於計算題。選擇題的算式不必給閱卷老師看，寫得不工整也無所謂，但需注意不要過於潦草，如果連自己都無法辨識的話，就容易算錯。

建議你遇到需要計算的選擇題時，先尋找考卷適當的空白處仔細運算，寫完算式後，在答案下方畫雙

青春是面對現實去想像的能力，而不是按照別人的想像來欺騙自己。
～毛姆 英國文學家

線或做個「※」的符號，讓自己能一眼找到答案之所在。接著將該題計算過程畫線框起來，目的是將各題的解答步驟區隔開來，以免影響到下一題的運算，也方便回頭檢查。

碰到非選擇題的計算題或證明題時，計算式或證明式要羅列清楚，前後步驟必須連成一氣，不可跳過必要步驟，以免閱卷老師覺得前後算式無法銜接。若憑空跳出一些無法由前面的運算或證明過程求得的數字或關係式，將會遭到扣分。

化學科的計算技巧

化學科的計算題會先提供一段敘述，而解題的條件就隱藏其中。爲能迅速找到破解關鍵，建議考生們在遇到文字敘述的條件時，以英文字母設定變數，例如將溫度設爲T，濃度設爲C，分子量設爲M等；碰到數字的條件，就將數字圈起，提醒自己注意這些是要代入的數值。

對題目進行簡單的加工，清楚標出特定符號與數字後，解題的思路會變得清晰，計算的速度也會加快。如果發現解題關鍵或暗藏陷阱，可畫「〰〰」或雙線，提醒解題過程中要特別留意。

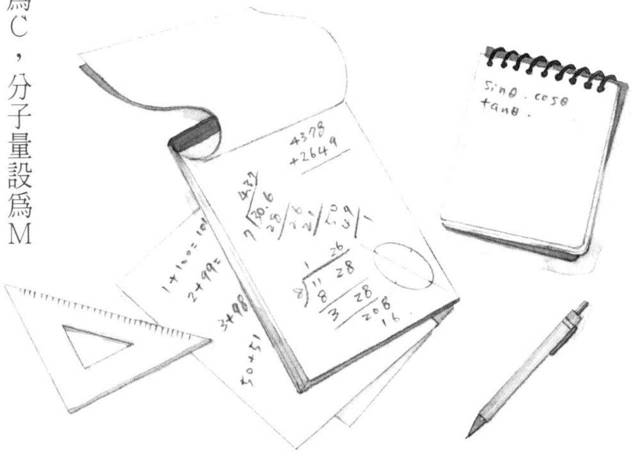

物理科的計算技巧

物理科的計算公式多半比化學科的更複雜。一看到題目，往往不知道解題條件在哪裡，也不清楚要代入哪一條公式。

建議針對物理科的計算題，除了仿效化學科的方法，設定變數、圈起數字、條件下方畫線以外，還可順手將與本題最相關的公式寫在旁邊，一邊看題目，一邊看公式，利用公式來激發解題的靈感。

計算證明題的配分高，對整體分數的影響極大。想在相關科目衝高分，一定要全力以赴。在考場上冷靜思考，並掌握解題技巧，你就會獲得寶貴的分數。

考試達人武功祕笈

◎ 看到沒把握的題目，先在試卷背面或空白處，試寫可能的計算證明步驟。一旦確定掌握解題關鍵後，趕緊回到答案卷上作答。唯有寫在答案卷上的內容才能賺到分數！

◎ 做數學科的計算題之前，先找完整的空白處列式。算完後，以雙線標示答案，並將解題過程畫線框起，方便自己回頭檢查。

◎ 看到化學或物理科的計算題時，將聯想到的公式立刻寫在題目旁。一邊看題目，一邊看公式，可以縮短思考時間，加快計算速度。

成功的人常在困難中找到機會，失敗的人常在機會中找到困難。

～黑幼龍 卡內基訓練大中華地區負責人

6-5

不要一寫錯，就槓掉重寫
——如何快速修正計算式得分？

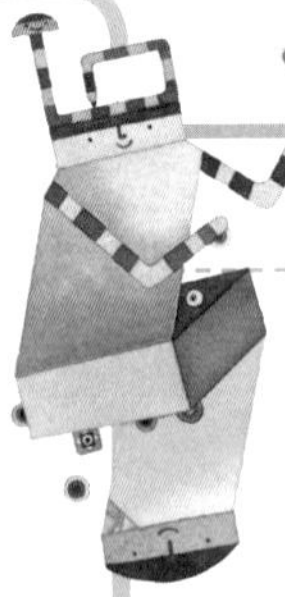

許多考生做計算題時，一寫錯就整題槓掉重寫。
這樣會使考卷「賣相」不佳，也浪費寶貴的解題時間。

電視冠軍的蛋糕王

日本電視節目「電視冠軍」中，曾推出令人印象深刻的一集，將所有的「蛋糕通」聚集在一起比賽。

爲了鑑別決賽者實力的高下，主辦單位挖空心思，讓參賽者試吃一塊不及小指指甲大小的蛋糕碎片，要求他們答出蛋糕名稱。接著題目難度再提高，主持人將各式蛋糕放在屏幕後，由背面投射燈光，參賽者必須依據剪影的形狀猜出蛋糕的名稱。

最後關卡的難度又大爲提升，主持人將蛋糕放在透明玻璃板上，要求參賽者由下往上觀察蛋糕的底部，然後搶答名稱。參賽者必須由蛋糕的正面聯想到蛋糕的底面，才能答出蛋糕的名稱。而最後勝出的冠軍，不論是蛋糕的碎片、蛋糕的剪影、蛋糕的底面都考不倒他，接連順利搶答成功，不愧爲達人中的達人，榮登電視冠軍蛋糕王的寶座。

蛋糕王的解題關鍵

蛋糕王在比賽過程中，掌握了幾個重要的答題關鍵。考試解題時，也可參考蛋糕王的解答過程。

蛋糕王在吃一小塊蛋糕碎片時，並不是一口立刻將碎片吞下，而是先在舌尖反覆品嚐特殊之處，思索何種食材會產生如此風味，經判斷後再行搶答。而看到屏幕上的剪影時，就要思考該平面幾何圖形是由何種立體物質產生，剪影中特殊的突起、角度、波浪等，都成了破題的重要提示。最後在辨識蛋糕底面的競賽中，必須考慮蛋糕的製作程序，如何由底層逐一完成至上層，再尋找蛋糕底部的重要特徵，就能知道是何種蛋糕了。

考試的題目，或許不如電視冠軍競賽出題的刁鑽與艱澀，但是蛋糕達人在解題過程中所運用的技巧，卻為考生帶來許多啓示及思考方向。

堆積木的經驗

我們都有玩積木的經驗。當積木由下往上逐漸堆高時，如果中間有一塊擺錯了，想要抽換，是相當不容易的事，只不過是抽掉中間的某一塊，就足以使上層的積木全數倒下。但是如果一開始堆疊的時候，就在積木與積木之間先保留一些空隙，當你想要移動或置換某一塊積木時，便可以輕易地抽出。

堆積木的經驗可應用到計算證明題的作答上。

不要害怕花時間學習。

～王薇薇 知名華裔服裝設計師

答案卷要留白

上課聽講時，許多同學都有抄筆記的習慣。如果將筆記本寫得滿滿的，一旦複習時想針對某部分內容補充新的資料，就會發生無處可寫的窘境，造成複習整理上的不方便。想讓筆記本隨時可以增添新的資料，最好的方法是「留白」。

寫答案卷的時候也是一樣，需要適當的「留白」。就好比堆積木時，必須事先保留空隙一樣。

答案卷上一般有橫格的線條。寫計算證明題時，自然是依序由上往下寫，看起來似乎沒有多餘的空間可供留白，但是我們可以自己「製造」空間，例如在答案卷的以下三處：

●答案卷的右方——在答案卷的橫格中書寫時，盡量將計算式及證明式靠左，僅利用橫格左邊的空間。留下右邊的一半空白是爲了方便有必要修改答案時，還能有書寫的空間。

●各個段落與小題之間——當連續寫了好幾個計算式或證明式，完成一個段落或一小題後，先空一行，再繼續寫下個段落或下個小題。空行是爲了讓各段落及各小題之間有明顯的區隔，方便回頭檢查。而空出的這一行，可

當作修改答案時的緩衝空間。

●**每個大題之間**——各大題之間可多空二至三行。每寫完一大題，先留白二至三行，再繼續寫下一大題，不要上下題緊緊相連，以免萬一需要修正時會無處可寫。

留白是爲了考卷的美觀，同時也保留修正答案的轉圜空間。適當的留白，提供快速修正答案的彈性，並節省重新寫答案的時間。我們或許沒有打算成爲蛋糕王或積木王，但透過書寫答案的技巧，每個考生都可能成爲笑傲考場的考試王！

考試達人武功祕笈

- 快速修正，不必整題重寫，是節省答題時間的重要技巧。
- 在答案卷上適當留白，方便快速修正計算式或證明式，可大幅省下重寫的時間。
- 答案卷上可以「製造」出留白的地方：答案卷的右邊、小題與小題之間、大題與大題之間。留白是為了保留更正答案的轉圜空間。

防止錯誤需要遠見，改止錯誤需要勇氣。

～陳之藩 知名作家

第一次 第二次 第三次

□□□ 對於經典考古題，會反覆練習解題，使自己完全熟悉解題步驟。

□□□ 對於計算題，會力求字跡工整，讓閱卷老師讀來輕鬆，不會傷到閱卷老師的眼力！

□□□ 利用K書鐵人的第五寶「尺」，將計算式及等號寫整齊，不會算式寫完，連自己也看不懂！

□□□ 寫完的計算過程會用線框起，並標入題號，方便回頭檢查。

□□□ 做完計算題後，會小心檢查，避免粗心犯錯。

□□□ 會記錄自己曾犯的錯誤，避免下次重蹈覆轍。

□□□ 養成習慣在計算完成後，以雙線標出答案，方便自己檢查。

□□□ 看到化學或物理科的計算題時，會將聯想到的公式立刻寫在題目旁。

□□□ 會養成習慣，在考卷上適當留白，方便快速修正計算式或證明式。

□□□ 作答時萬一寫錯，會盡量不要整題槓掉重寫。能修正時，會局部修正即可。

考試達人

挑戰擂臺第六關

請在不同顏色框框（□）中，依自己目前狀況檢驗考試學習的成果。對於已經達成的事項，請打勾（✓）；對於偶而可以達成的事項，請打三角（△）；對於經常無法達成的事項，請打叉（╳）。

◎ 第一次挑戰——
請填在第一排**藍色框框**中，並請填上今天的日期。

◎ 第二次挑戰——
請於一個月後再次檢驗，請填在第二排**黃色框框**中。

◎ 第三次挑戰——
請於三個月後再檢驗一次，請填在第三排**紅色框框**中。

當你的框框中勾勾（✓）數越多時，代表你已逐漸向考試達人邁進；當你的框框中全部填滿勾勾（✓）時，代表已經挑戰成功！

第一次 第二次 第三次

第一次挑戰日期	年	月	日	時
第二次挑戰日期	年	月	日	時
第三次挑戰日期	年	月	日	時

□□□ 考試時不害怕沒有頭緒的難題，會保留時間解難題。

□□□ 考試時會養成習慣，在考卷空白處或背面試解題目，以激發解題靈感。

Chap 7

選擇志願金榜達人

7-1 大學教授如何審查——**甄試資料要如何準備？**

7-2 面試練習及自問自答——**面試要如何事先準備？**

7-3 大學科系要如何選填——**到底是要選校還是選系？**

考試達人加油站

「選擇志願」的魔法寶物

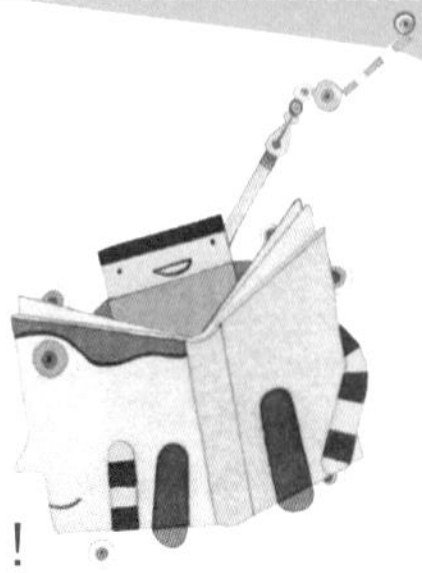

- 如何選出理想學校及科系呢？讓超高效 K 書教練團來幫你！
- 請針對「自己的學習興趣」、「希望的就業工作」、「家人期待的工作」、「社會具發展潛力的領域」，依序寫出三個選項。

	第一選項	第二選項	第三選項
自身學習興趣			
希望的就業工作			
家人期待的工作			
社會具發展潛力的領域			

※ 填完上表後，可方便你決定自己的志願校系。

1. 請寫出你有機會考上又是心目中理想的五個學校與科系。
2. 再請針對不同學校與科系，分別依 (A) 就業機會、(B) 本身興趣、(C) 未來發展、(D) 社會評價、(E) 家人期待，依 1、2、3、4、5 五個等級評分。最期待者的分數為 5，最不期待者的分數為 1。
3. 將五項分數加總，最高分者即為最適合你的理想志願學校與科系。

學校 / 科系	(A) 就業機會	(B) 本身興趣	(C) 未來發展	(D) 社會評價	(E) 家人期待	總分

※ 請在老師及家人的幫助下，一起找到適合的理想志願學校與科系！

7-1 大學教授如何審查甄試資料要如何準備？

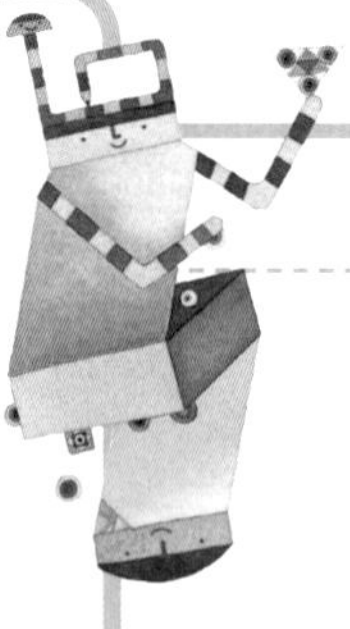

一張漂亮的學測成績單及豐富的推甄資料，可讓你提前敲開大學窄門。是否能順利甄試過關，端視你在甄試及面試上投注多少工夫。

甄試資料要及早準備

經過漫長的K書過程，辛苦考完學測後，恭喜你進入準備推薦甄試的階段。

在推薦甄試前，各大學科系會公布備審資料，一般包括：自傳、讀書計畫、得獎紀錄、在校成績單、推薦信等。待相關資料通過第一關審查後，再進入第二關面試。

若因忙著K書，疏於花心思在推甄上，等到學測考完，才發現來不及準備各項推甄資料，導致無法順利進入理想校系，多年來的努力豈不是徒勞無功？所以準備推甄資料亦是至關重要。

大學教授們在審查書面資料時，到底注重哪些方面？下面列舉一些事項，提供有意參加甄試的同學參考。

自傳要有個人特色

坊間有許多指導如何撰寫自傳的參考書籍，教授們也都知道，聰明的學生會參照範本撰寫自傳。

但如果你的自傳與別人的非常類似，就有抄襲範本之嫌，這是甄試大忌！一旦被發現，幾乎可篤定三振出局。不過，假設你綜合參考範本，拿捏分寸，修改成

有個人風格的自傳，這倒是沒有關係。

然而如果過度參考範本的表現風格，自傳欠缺個人特色，也不會讓教授們留下深刻的印象。如何在自傳中彰顯自己的優點，清楚說明過往的學習經歷，是從眾人之中脫穎而出的關鍵。有些學生會在自傳中大肆吹噓過去的「豐功偉業」，但是吹牛過度或是太趾高氣昂，都會讓你列入不入選的名單。

讀書計畫須言之有物

其實教授都知道，推甄生尚未念過該校及該系，不可能對進階課程與專業科目有深入的認識。但他們希望能從學生提出的讀書計畫中，了解你對未來的學習有何規畫。如果你連入學後要修習的科目名稱都不曉得，會讓老師們對你的印象大打折扣。

讀書計畫要言之有物，並且要寫得合情合理，適當規畫未來的學習目標及方向。但是太超乎實際的偉大計畫，反而會令教授們覺得其中必有詐。其實教授們也明白，有些讀書計畫是委外捉刀的產品。太超越一般同學程度的用詞及觀點，反而會引起教授們的懷疑。

推薦信須合情合理

教授們常有機會為學生寫推薦信，也常看到別的教授所寫的推薦信，所以對於推薦信內容的

大膽的假設，小心的求證；認真的做事，嚴肅的做人。
～胡適 中國文學家，前中央研究院院長

判斷敏銳度會高於一般人。

通常學校老師是被動地受到學生請託，才會寫推薦信。基於愛護學生的立場，老師寫的內容主要是隱惡揚善。雖然每一封推薦信都洋洋灑灑列舉了學生的諸多優點，然而從語氣的輕重，仍可看出這位老師對學生是否夠熟悉，以及推薦程度的強弱。如果推薦信中有敘述到特別重要的具體事實，就會引起審查教授的強烈興趣。但推薦信裡若欠缺實際內容，光是一堆讚美辭藻的堆砌，只能算是聊勝於無而已。

得獎紀錄要能彰顯個人能力

書面審查時，常有學生準備了五花八門的資料，包括社團幹部證明與得獎紀錄等。這些證明與紀錄，不會造成甄試扣分，但也不見得有顯著加分作用。只有當社團證明和得獎紀錄與應試的科系有高度關聯性，或是可從這些證明和紀錄中突顯出學生的優秀長才時，才會產生加分的效果。

舉例來說，作文比賽得名對理工科系的加分作用不大，一般社團普通幹部的資歷，對甄試也不見得有幫助。如果要秀社團經驗或得獎紀錄，必須思考經歷是否符合該系的學習發展方向。

面試要全力以赴

面試時，教授們會先請學生自我介紹，接著詢問問題。到底在面試的時候，哪些是評量重點

呢？基本上，教授想要知道的是這位學生的臨場反應、發展潛力、未來的學習適應能力等等。

在應答過程中，可以概略了解應試學生的自信程度、反應能力、基本學力與未來規畫，更重要的是希望釐清學生對校系的眞正興趣。對教授而言，最怕挑選到性向不合或錄取後不來報到的人。前者會發生往後學習上的問題；後者會佔據眞正想入學者的名額。如果考生是眞心嚮往進入該校系，在提交書面資料及面試的過程中，就要確實展現自己的誠意。

當決定要參加甄試時，就應全力準備個人資料及面試，不要心存「只是試試看」的想法。要以渴望入學的熱忱及誠實豐富的資料，去感動教授的心。理想志願科系的窄門，將爲全力以赴的考生而開！

延伸招式 《超高效K書達人》七之四節：親近你的老師與同學！

考試達人武功祕笈

- 甄試用的自傳避免抄襲、委外製作，要能表現出個人特色。
- 自傳是個人成長過程的縮影。希望大學教授欣賞你，必須先讓他欣賞你的自傳。
- 讀書計畫內容要言之有物，合理規畫未來學習目標，切忌「膨風」吹牛。不切實際的讀書計畫，是無法為自己敲開理想科系的窄門的。

當老天給你荒野，祂是要你做一隻高飛的鷹。
～簡媜 知名作家

7-2 面試練習及自問自答

面試要如何事先準備？

每個考生在面試時都會緊張。
避免緊張的最佳方法是事先準備、反覆練習。
事先準備得越充分，反覆練習得越積極，越能大幅提高面試上榜的機率。

面試的提前準備

學生在求學階段，大多沒有求職的經驗，所以未曾經歷過面試。在申請甄試入學時，大部分學生才有機會第一次接觸面試，尤其這是決定能否進入理想校系就讀的重要關卡，會感到緊張焦慮、忐忑不安，也是理所當然的。

希望面試過關，順利被錄取，在考前就要周詳準備，才能在面試時臨危不亂，從容應對教授提問。建議你在準備面試時，應提前注意下列事項：

● 自我介紹：要言簡意賅——

一般面試時，要先簡單扼要地介紹自己的姓名、就讀學校、家庭狀況、學習狀況和個人興趣等內容。自我介紹要言簡意賅，適當表達自己的優點與特色。有特殊獲獎紀錄者，可在介紹中簡要概述。對英文有自信的學生，可在徵得面試教授的同意後，用英文進行自我介紹。字正腔圓、口齒清晰流暢的英文自我介紹，確實有助於提高錄取的機率。

● 個人型問題：回答要有特色——

教授們會依據你書面資料中的自傳、讀書計畫等，

提出適當問題，以了解你是否具備就讀該校系的能力。因此在回答相關問題時，要努力表現自己的特色，讓評審教授留下深刻的印象。

在家準備面試時，可拿出一張活頁紙，對折一半，左邊寫下自己預想可能的面試問題，右邊寫下簡單的答案。在考前反覆練習自問自答，直到一聽到這些假設問題即可對答如流。

系所型問題：展現就讀忠誠度

在面試時，最常被問到的問題是：「你爲什麼想讀這所學校」以及「你爲什麼不想讀其他科系」。對於這類制式的提問，考生應該從該校系的不同特色和方向去思考，準備合適的答案，流暢地表達出來。因爲不同校系各有不同特色，所以答案亦要加以適當調整，才會讓主考教授感受到你具有足夠的「就讀忠誠度」。

大部分系所的網站都有豐富的資訊，包括系所簡介、研究方向、教學課程、發展規畫等。最好從這些資料擷取出可能會提出的問題，做成問與答的模擬考題，並在考前加強練習。

專業型問題：回答要有重點

各系所會針對各系特色設計相關問題，以測驗考生的基本實力。面試中提出的問題，一定是靈活、有變化、可擴大延伸的題目。在回答這些問題時，切記答案要有重點，並且能展現你的準備工夫。

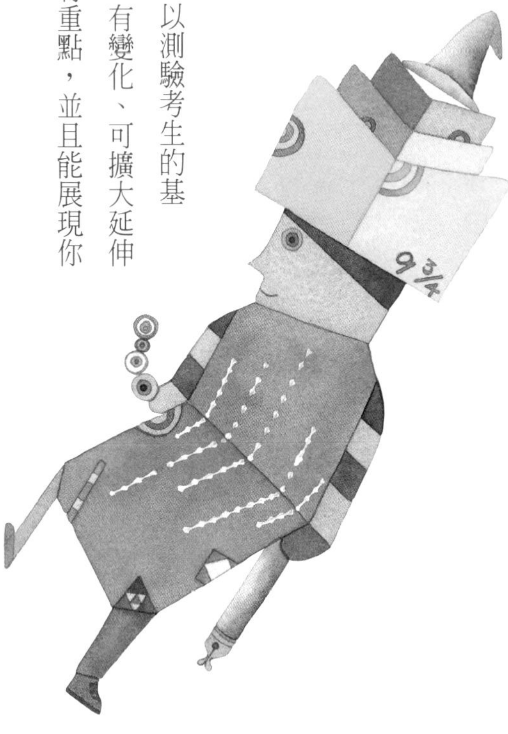

苦學能夠戰勝一切，學問的宮殿不分貧富都可以進去。
～巴金 知名作家

相關問題可以在學校蒐集的考古題庫中找到。雖然過去的考古題不一定會再次出現，即使出現，也不一定會一成不變，但這些是基本問題，考前務必要熟記。因爲制式問題內容大同小異，熟悉過去提問的項目，就能抓住回答時的重點！

機智問答型題目：要能隨機應變

有時主考教授會心血來潮，天馬行空地提出一些你在考前從未想過的問題。問題的

內容五花八門，可能來自於社會時事，或是主考官的突發奇想。被問到這類型的問題時，也不必慌張，先冷靜思考一下問題的重點，然後有條有理地說出自己的答案。若突然間答不出來，最佳的應對策略是：有禮貌地請教授再講一次，以確定問題的眞正意思。這樣一來可以探詢主考官提問的用意，二來能夠多爭取一些思考回答的時間。

面試的自我練習

反覆練習是準備面試的最佳策略。先把自我介紹及相關預設問題的答案寫下來，記憶背誦，然後轉化用自己的口語表達。當你覺得差不多記熟後，站在鏡子前練習，把鏡中的自己當成主考官，對「他」回答問題。一邊說，一邊注意自己的神情舉止，減少不必要的小動作，務必看起來充滿自信與活力。也可以請師長或家人當你的觀眾，聆聽你的自我介紹和回答，再請他們提供改

進的建議。也可以試著把自己的聲音錄下來，聽聽看是否需要調整說話的語調及速度。

對於專業型及機智問答型題目，可以參考《超高效K書達人》介紹的「K書俱樂部」，和你的同學組成一個「面試俱樂部」。俱樂部裡的每位成員都是主考官，同時也是應試的考生。利用下課時間或是放學後，三五好友交叉出題，互考對方，一來可擴大蒐集題目，二來可增進隨問隨答的速度與技巧。同學們一起猜題，一起模擬面試，三個臭皮匠一定不會輸給主考的諸葛亮！

面試是面對面的考試，也是說話與動腦的考試。面試的考試型態及準備方式，與考生過往習慣的筆試大不相同，提前準備及反覆練習是面試過關的最佳保證。請多練習用嘴巴講話，得體的應對，再加上從容的態度、自信的神情，你必能從眾多面試者中脫穎而出！

考試達人武功祕笈

- 面試問題要事先收集資料，建立完整題庫，多練習自問自答，臨場即能對答如流。
- 自我介紹要言簡意賅，適當表達個人優點及特色。如果能以流利的英文自我介紹，也是提高分數的妙招，但必須事先徵求面試教授的同意。
- 機智問答型題目不用「搶」答，而是要「慎」答。面試時，隨機應變最重要。

如果你的心在那裡，什麼事都會成功。
～李安 知名導演

7-3 大學科系要如何選填——到底是要選校還是選系？

選填志願絕對要慎重考慮，切勿輕忽隨便，因為這將影響你的一生。
行行出狀元，選擇適合個人性向及才能的科系就讀，未來才容易成為狀元。

選填志願要考量的六大條件

選填志願不是在玩射飛鏢遊戲，也不是在俄羅斯輪盤上賭運氣。選對適合的科系，才能爲自己開啓一條光明的康莊大道。

如何決定選填的志願學校與科系？這個問題其實沒有標準答案。選填志願的觀點與方法常是見仁見智，沒有絕對的對與錯。不過除了依照個人的能力及興趣做選擇外，多參考師長及家人的意見，應該是較正確保險的作法。

在選填志願時，考生通常會根據個人興趣、考試成績、家庭因素、經濟考量、學校評價、就業市場等六大條件做整體評估。對於不同的考生，這六大條件也會隨著個人環境及家庭背景的差異，產生優先順序的不同。以下爲即將選填志願的考生，說明必須仔細考量的六大條件。

1 個人興趣：以刪除法選志願

一般人會依據自己的興趣找志願。在校生可透過學校的各種性向測驗或對自我的觀察，了解自己的性向及適合學群，再找出屬於自己的「夢幻志願群」。

依照興趣選擇志願，原則上並沒有錯，但要注意高中畢業生此時仍處於摸索新事物及學習新領域的階段，很難保證這時的興趣就是終生的志趣。

較理想的作法是以消去法選志願，先刪除毫無興趣的科系，接著對有強烈興趣的科系標註「☆」號。至於不是特別感興趣的科系，就暫時予以保留，等最後列表完成，再一起評估。

2 考試成績：判斷可能落點

依據學測分數，先刪除個人成績未達錄取標準的科系。然後計算各種指定考試科目組合的累計百分比，再參考去年的相對應比例表，找出自己可能的落點學校及科系。現在針對選填志願，一般學校或補習班都會爲考生提供落點分析的服務。因爲每一年各科系的加權計分方式或有變動，無法保證預測可以做到非常精準的程度，最好貨比三家不吃虧，多方嘗試再決定。

選填志願時，一定要納入比自己預測落點還高一些的志願，不要過分保守，以免發生「高分低中」的遺憾。

3 家庭因素：要參考家人建議

父母對子女的未來總是期望甚高，在選填志願方面可能有些不同的看法，但沒必要一開始就全盤否定或照單全收。雙方抱持開放的態度，輔以相互之間良好的溝通，是較佳的討論方式。參

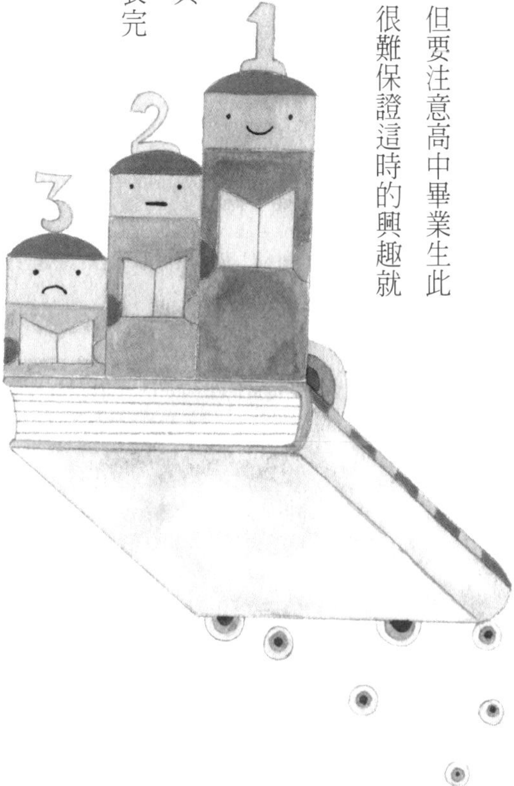

人第一要有志，第二要有識，第三要有恆。
～李嘉誠 香港知名企業家

酌家人的期望，也一併考量自己的理想與抱負，再去選定志願。

4 經濟考量：要考慮實際負擔

每個人的家庭背景及經濟條件各不相同。有的人只考慮校系是否符合個人志趣，有的人則會優先選擇低學費及提供獎學金的校系。對於經濟壓力較大的學生來說，為求減輕家中財務負擔，學費的高低與獎學金的有無，自然成為重要的考量因素。

5 學校評價：學校與科系綜合考慮

社會對於一所學校的評價，絕非一朝一夕形成。教育部及坊間雜誌針對各大學曾進行多次評鑑，其結果可供考生查詢斟酌。然而，排名結果不見得適用於每一個人，你不見得要照單全收。到底是選校還是選系重要？超高效K書教練團建議的優先順序是：

明星學校熱門科系＞一般學校熱門科系＞明星學校一般科系＞一般學校一般科系

選填志願時，如果一味執著於名校或熱門科系，容易有失之偏頗之虞。綜合學校排名及個人嚮往科系來選填志願，是較為妥適的作法。

6 就業市場：需考慮市場與個人的雙重因素

一般人多是依據行業熱門程度來判斷未來就業的難易，卻忽略了將來就業除了與某一行業的熱門程度有關，更重要的是必須考量個人特質及本身專業能力。未來求職的難易程度，關乎「市場」與「個人」雙重因素。就業難易程度依序為：

熱門科系優秀人才＞一般科系優秀人才＞熱門科系一般人才＞一般科系一般人才

只要你有興趣、肯努力，即使在冷門領域也能成為佼佼者；如果只是趨附潮流、勉強為之，

即便是在超級熱門的行業中，也不容易有卓越的表現。就業的難易取決於人的因素，往往比行業別的影響更大。

行行能出狀元，條條道路可通羅馬。但要在適合你的科系中就讀與發展，才容易成爲狀元；找到正確的方向，也才容易早日抵達羅馬。

期待本書讀者皆能順利進入理想校系就讀，也誠摯祝福大家：

個個成爲考試達人，考場獲得傲人佳績！

人人順利金榜題名，大步邁向成功之路！

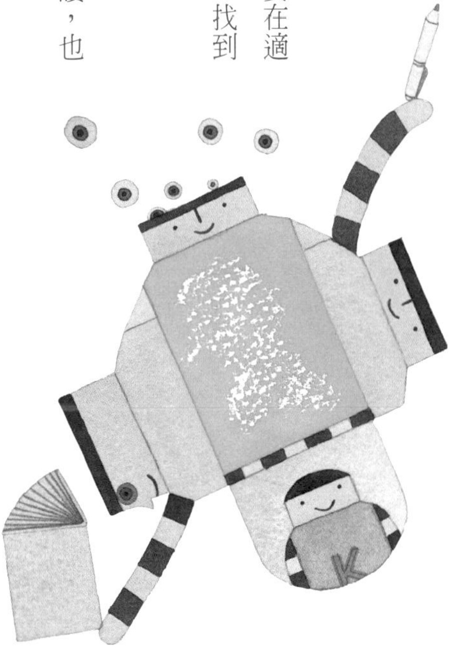

考試達人武功祕笈

- 選填志願時，應在夢想與實際之間取得平衡，個人與家庭達成協議，並在主觀與客觀條件上適當妥協。
- 建議選填志願順序為：明星學校熱門科系＞一般學校熱門科系＞明星學校一般科系＞一般學校一般科系。祝福你金榜題名，順利擠進理想科系窄門！

就算沒有天分，只要你願意每天花一點時間，
做同樣一件事情，不知不覺間，你就會走得很遠。
～吳淡如 知名作家

第一次　第二次　第三次

□□□ 自傳不會抄襲，會詳實敘述自己的成長歷程。明白自傳不是寫小說，內容須言之有物，且不要亂編故事。

□□□ 面試會事先準備周詳，好讓自己能減少緊張、臨危不亂、從容應對。

□□□ 面試前會預想可能的問題，並反覆練習。最好能在師長或家人面前，模擬面試的場景。

□□□ 針對面試問題會提前蒐集資料，建立完整題庫。

□□□ 自我介紹內容需言簡意賅，適當表達個人優點及特色。

□□□ 選填志願前，會仔細分析自身興趣，並充分了解未來就業的潛力及可能發展方向。

□□□ 選填志願前，會與家長及師長討論，並虛心參考他人建議。

□□□ 選填志願前，會進行成績落點預測，縮小選填範圍。

□□□ 選填志願前，會綜合考量學校排名、科系熱門度、個人興趣等，做出最佳抉擇。

考試達人

挑戰擂臺第七關

請在不同顏色框框（□）中，依自己目前狀況檢驗考試學習的成果。對於已經達成的事項，請打勾（✓）；對於偶而可以達成的事項，請打三角（△）；對於經常無法達成的事項，請打叉（╳）。

◎ 第一次挑戰——
請填在第一排**藍色框框**中，並請填上今天的日期。

◎ 第二次挑戰——
請於一個月後再次檢驗，請填在第二排**黃色框框**中。

◎ 第三次挑戰——
請於三個月後再檢驗一次，請填在第三排**紅色框框**中。

當你的框框中勾勾（✓）數越多時，代表你已逐漸向考試達人邁進；當你的框框中全部填滿勾勾（✓）時，代表已經挑戰成功！

第一次 第二次 第三次

第一次挑戰日期	年	月	日	時
第二次挑戰日期	年	月	日	時
第三次挑戰日期	年	月	日	時

□□□ 會提前準備甄試資料，備齊自傳、讀書計畫、得獎紀錄、在校成績單、推薦信等。

□□□ 自傳會盡量突顯個人特色，好讓大學教授注意到自己的特質。

國家圖書館出版品預行編目資料

超高效考試達人 / 超高效K書教練團著. -- 初版. -- 臺北市 : 商周出版 : 家庭傳媒城邦分公司發行, 2016.03
面 ; 公分. -- (超高效學習術 ; 24)

ISBN 978-986-92956-2-8 （平裝）

1.考試 2.學習方法
529.98 105003954

超高效考試達人

作　　者／超高效K書教練團
企 畫 選 書／楊如玉
責 任 編 輯／陳名珉

版　　權／翁靜如
行 銷 業 務／李衍逸、黃崇華
總　編　輯／楊如玉
總　經　理／彭之琬
法 律 顧 問／台英國際商務法律事務所　羅明通律師
出　　版／商周出版
城邦文化事業股份有限公司
台北市中山區民生東路二段141號4樓
電話：02-25007008　傳真：02-25007759
E-mail：bwp.service@cite.com.tw
發　　行／英屬蓋曼群島商家庭傳媒股份有限公司城邦分公司
台北市中山區民生東路二段141號2樓
書虫客服服務專線：02-25007718・02-25007719
24小時傳真服務：02-25001990・02-25001991
服務時間：週一至週五09:30-12:00・13:30-17:00
郵撥帳號：19863813　戶名：書虫股份有限公司
讀者服務信箱E-mail：service@readingclub.com.tw
歡迎光臨城邦讀書花園　網址：www.cite.com.tw

香港發行所／城邦（香港）出版集團有限公司
香港灣仔駱克道193號東超商業中心1樓
Email：hkcite@biznetvigator.com
電話：(852) 25086231　傳真：(852) 25789337

馬新發行所／城邦（馬新）出版集團 Cite (M) Sdn. Bhd.
41, Jalan Radin Anum, Bandar Baru Sri Petaling,
57000 Kuala Lumpur, Malaysia
電話：(603) 90578822　傳真：(603) 90576622

封 面 設 計／徐璽
版 型 設 計／林家琪
插　　圖／滿腦袋
排　　版／豐禾設計
印　　刷／韋懋實業有限公司
經　銷　商／聯合發行股份有限公司
電話：02-29178022　傳真：02-29110053
地址：新北市231新店區寶橋路235巷6弄6號2樓

2016年4月7日初版　Printed in Taiwan
定價／350元

ISBN 978-986-92956-2-8

城邦讀書花園
www.cite.com.tw

廣　告　回　函
北區郵政管理登記證
台北廣字第000791號
郵資已付，免貼郵票

104 台北市民生東路二段141號2樓
英屬蓋曼群島商家庭傳媒股份有限公司
城邦分公司　收

請沿虛線對摺，謝謝！

書號：BO6026　　書名：超高效考試達人　　編碼：

請於此處用膠水黏貼

商周出版

讀者回函卡

感謝您購買我們出版的書籍！請費心填寫此回函卡，我們將不定期寄上城邦集團最新的出版訊息。

不定期好禮相贈！
立即加入：商周出版
Facebook 粉絲團

姓名：＿＿＿＿＿＿＿＿＿＿ 性別：□男 □女

生日：西元＿＿＿＿年＿＿＿＿月＿＿＿＿日

地址：＿＿＿＿＿＿＿＿＿＿

聯絡電話：＿＿＿＿＿＿＿＿ 傳真：＿＿＿＿＿＿＿＿

E-mail ：

學歷：□ 1. 小學 □ 2. 國中 □ 3. 高中 □ 4. 大學 □ 5. 研究所以上

職業：□ 1. 學生 □ 2. 軍公教 □ 3. 服務 □ 4. 金融 □ 5. 製造 □ 6. 資訊
□ 7. 傳播 □ 8. 自由業 □ 9. 農漁牧 □ 10. 家管 □ 11. 退休
□ 12. 其他＿＿＿＿＿＿＿＿

您從何種方式得知本書消息？

□ 1. 書店 □ 2. 網路 □ 3. 報紙 □ 4. 雜誌 □ 5. 廣播 □ 6. 電視
□ 7. 親友推薦 □ 8. 其他＿＿＿＿＿＿＿＿

您通常以何種方式購書？

□ 1. 書店 □ 2. 網路 □ 3. 傳真訂購 □ 4. 郵局劃撥 □ 5. 其他＿＿＿

您喜歡閱讀那些類別的書籍？

□ 1. 財經商業 □ 2. 自然科學 □ 3. 歷史 □ 4. 法律 □ 5. 文學
□ 6. 休閒旅遊 □ 7. 小說 □ 8. 人物傳記 □ 9. 生活、勵志 □ 10. 其他

對我們的建議：＿＿＿＿＿＿＿＿＿＿

【為提供訂購、行銷、客戶管理或其他合於營業登記項目或章程所定業務之目的，城邦出版人集團（即英屬蓋曼群島商家庭傳媒（股）公司城邦分公司、城邦文化事業（股）公司），於本集團之營運期間及地區內，將以電郵、傳真、電話、簡訊、郵寄或其他公告方式利用您提供之資料（資料類別：C001、C002、C003、C011 等）。利用對象除本集團外，亦可能包括相關服務的協力機構。如您有依個資法第三條或其他需服務之處，得致電本公司客服中心電話 02-25007718 請求協助。相關資料如為非必要項目，不提供亦不影響您的權益。】

1.C001 辨識個人者：如消費者之姓名、地址、電話、電子郵件等資訊。
2.C002 辨識財務者：如信用卡或轉帳帳戶資訊。
3.C003 政府資料中之辨識者：如身分證字號或護照號碼（外國人）。
4.C011 個人描述：如性別、國籍、出生年月日。

請於此處用膠水黏貼